पत्रकारिता के प्रेरणापुंज: दीनदयाल उपाध्याय

(पंडित दीनदयाल उपाध्याय की पत्रकारिता पर विद्वानों के वक्तव्यों और आलेखों का संग्रह)

डॉ.विजय विप्लवी

डॉ. कुंजन आचार्य

notionpress
.com

INDIA • SINGAPORE • MALAYSIA

ISBN
Paperback 979-8-90540-545-7
Hardcase 979-8-90540-546-4

पुरोवाक् व मार्गदर्शन - डॉ. महेश चन्द्र शर्मा

अनुक्रम

अपनी बात

समग्र अथवा एकात्म दृष्टि से मानव जीवन के सभी आयामों को देखने, समझने और जीने की अद्भुत क्षमता के धनी थे पं. दीनदयाल उपाध्याय। पत्रकारिता को भी उन्होंने इसी दृष्टि से एक दिशा दी। वे स्वयं कभी संपादक या औपचारिक संवाददाता नहीं रहे। उन्होंने संपादकों एवं संवाददाताओं को सजीव सान्निध्य एवं साहचर्य प्रदान किया। तभी संपादक एवं पत्रकार उन्हें सहज ही अपना मित्र एवं मार्गदर्शक मानते थे।

उनके साहचर्य का वितान बहुत व्यापक है। पत्रकारिता के क्षेत्र में उनसे सीखनेवाले कुछ ही सुधीजनों के अनुभव एवं आलेखों को हम इस पुस्तक में समाहित कर सके हैं। एकात्म मानवदर्शन अनुसंधान एवं विकास प्रतिष्ठान ने एक परिसंवाद आयोजित किया था, जिसका नाम था-'पत्रकार दीनदयाल'। उस परिसंवाद की सामग्री का इस पुस्तक में उपयोग किया गया है।

श्री जगदीश प्रसाद माथुर जिन्होंने दीनदयालजी के सान्निध्य में लंबे समय तक 'मीडिया' से संपर्क किया था, वे भी उस समय उक्त परिसंवाद में आए थे। उनका ऐतिहासिक वक्तव्य

भी आलेख रूप में यहाँ प्रकाशित है। दीनदयाल वाङ्मय के श्रेष्ठ अध्येता श्री ब.ना. जोग ने मराठी में स्व. श्री राजाभाऊ नेने के साथ मिलकर दीनदयालजी के विचारों को प्रकाशित किया था। उन्होंने भी उस परिसंवाद में अपना आलेख भेजा था जो कि इस पुस्तक में संकलित है।

दीनदयाल उपाध्याय औपचारिक रूप से संपादक या संवाददाता तो नहीं थे, लेकिन वे नियमित स्तंभ-लेखक थे। 'ऑर्गेनाइजर' में 'पॉलिटिकल डायरी'' एवं 'पाञ्चजन्य' में 'विचार वीथि' उनके स्थायी स्तंभ थे। 'पॉलिटिकल डायरी'' के कुछ आलेख पुस्तकाकार में भी प्रकाशित हुए हैं। उस पुस्तक का विमोचन राष्ट्रीय स्वयंसेवक संघ के द्‌वितीय सरसंघचालक श्री मा.स. गोलवलकर (श्रीगुरुजी) ने किया था। श्रीगुरुजी ने उस विमोचन के अवसर पर स्मरणीय एवं ऐतिहासिक भाषण दिया था, वह भी इस पुस्तक में संकलित है।

स्तंभालेखीय पुस्तक 'पॉलिटिकल डायरी' की भूमिका कांग्रेस के तत्कालीन वरिष्ठ नेता डॉ. संपूर्णानंद ने लिखी थी। इस भूमिका का अपना ऐतिहासिक महत्व है, अतः उसे इस पुस्तक में पुनः प्रकाशित किया गया है। 'हिंदुस्थान समाचार' एक विशिष्ट समाचार एजेंसी थी, उसकी 15वीं वर्षगाँठ पर पं. दीनदयाल उपाध्याय ने पत्रकारिता के संदर्भ में स्वयं आलेख लिखा था। उक्त आलेख बहुत संक्षिप्त, बहुमूल्य एवं दिशाबोधक है, इसलिए इस पुस्तक में शामिल किया गया है।

उक्त पुस्तक का पहला प्रकाशन 2011 में 'पत्रकारिता और दीनदयाल उपाध्याय' शीर्षक से हुआ था। अब 2026 में यह पुस्तक नए कलेवर और नए शीर्षक के साथ सुधी पाठकों के समक्ष प्रस्तुत है। इसके साथ ही इस पुस्तक के दोनों

संपादकों के शोधपरक आलेख भी इस पुस्तक के नए अंक में शामिल किए गए है जो कि पंडित जी की पत्रकारिता-यात्रा पर विशद जानकारी देते है।

श्री दीनदयाल उपाध्याय ने 4-5 जून 1964 को बीएन कॉलेज, उदयपुर में आयोजित संघ शिक्षा वर्ग में ही सर्वप्रथम एकात्म मानवदर्शन पर दो बौद्धिक दिए थे। इन बौद्धिक के छह दशक पूर्ण होने पर पंडित दीनदयाल उपाध्याय स्मृति समारोह समिति, जयपुर व भूपाल नोबल्स संस्थान के संयुक्त तत्वावधान में 4-5 जून 2025 को एकात्म मानव दर्शन के प्रतिपादन का हीरक जयंती समारोह आयोजित किया गया था। इस समारोह में दीनदयाल उपाध्याय से सम्बन्धित वरिष्ठ अध्येता और इस पुस्तक के पहले अंक के संपादक डॉ महेश चन्द्र शर्मा उदयपुर पधारे थे। डॉ. विप्लवी और डॉ. कुंजन से चर्चा के दौरान महेश जी ने इस अप्राप्य और अनुपलब्ध पुस्तक का जिक्र किया तो डॉ.

विप्लवी ने उनको बताया कि नई दिल्ली स्थित भाजपा कार्यालय में केवल एक प्रति उपलब्ध है उसकी छाया प्रति वे अपने शोध के निमित्त ले आए थे। इस पर डॉ. महेश शर्मा ने दोनों को सुझाव दिया कि यदि आप दोनों चाहे तो उक्त पुस्तक को पुन: संपादित करके नए कलेवर में पुनर्प्रकाशित करवाएं ताकि यह अप्राप्य पुस्तक दीनदयाल जी के शोध अध्येताओं तक पहुंच सके। बस इसी विचार और सहमति के साथ इस पुस्तक के पुनर्प्रकाशन का विचार साकार हुआ, जोकि अब आपके हाथ में है।

इस महत्वपूर्ण पुस्तक के पुर्नसंपादन एवं पुर्नप्रकाशन का कार्य हमको सौंप कर जो विश्वास जताया है उसके लिए हम

डॉ. महेश शर्मा जी का हृदय के अंतस्थल से आभार व्यक्त करते है।

दीनदयालजी पर शोध कार्य करने और उसको प्रकाशित करने की प्रक्रिया में अग्रज आदरणीय धर्मनारायण जी जोशी की प्रेरणा और सतत मार्गदर्शन अतुलनीय है। हम इसके लिए धर्मनारायण जी भाई साहब का भी हृदय से आभार व्यक्त करते हैं।

आशा है दीनदयालजी के पत्रकार कर्म पर अध्ययन करने वाले शोधार्थियों के लिए यह पुस्तक उपयोगी एवं शोधपरक साबित होगी।

डॉ.विजय विप्लवी **डॉ. कुंजन आचार्य**

11 फरवरी 2026, पंडित दीनदयाल उपाध्याय जी की पुण्य तिथि

Dr. Mahesh Chandra Sharma
Chairman

एकात्म मानवदर्शन अनुसंधान एवं विकास प्रतिष्ठान
Research and Development Foundation for Integral Humanism

पुरोवाक्

दीनदयाल उपाध्याय विविध प्रतिभाओं के धनी थे। उनकी 'सम्राट चन्द्रगुप्त' और 'जगद्गुरु शंकराचार्य' जैसी रचनायें उनके प्रखर साहित्यकार होने का संकेत देती है। वें अद्भुत संगठक थे, राष्ट्रीय स्वयंसेवक संघ के उत्तर प्रदेश सह-प्रांत प्रचारक के नाते उनके द्वारा किये गये काम तथा आजादी के बाद एकमात्र राजनैतिक संगठन जो अखिल भारतीय बना वह भारतीय जनसंघ, उनके इस कौशल का रेखांकन करते हैं।

एकात्म मानवदर्शन, अर्थायाम, भू-सांस्कृतिक राष्ट्रवाद एवं भारतीयकरण की अवधारणायें उनकी दार्शनिक चेतना को रेखांकित करती है। वे युगबोध के अर्थचिंतक थे 'भारतीय अर्थनीति विकास की एक दिशा' एवं 'दो योजनायें' उनको अर्थवेत्ता सिद्ध करती हैं। उनके ललित निबंधों की तो भरमार है, वे उच्च कोटि के निबंधकार थे। वे कवितायें भी करते थे तथा गीत भी गाते थे, उनमें एक सर्वांगपूर्ण प्रतिभा थी। उनके पत्रकार जीवन के उकेरती हुई पुस्तक मैंने 2011 में सम्पादित की थी, जो अब अनुपलब्ध हो गयी है। दीनदयाल जी के जीवन पर शोध करते हुये श्री विप्लवी ने उस पुस्तक को पढ़ा, यह उचित समझा कि यह पुस्तक आनेवाली पीढ़ियों को सहजता से प्राप्त होनी चाहिए। अतः उन्होंने उक्त पुस्तक को मोहनलाल सुखाडिया विश्वविद्यालय में पत्रकारिता विभाग के प्रमुख डॉ. कुंजन आचार्य के साथ इसे

पुनर्संपादित कर पुनर्प्रकाशन की योजना की। उनकी योजना आज साकार हो रही है। मेरी तरफ से दोनों अध्येताओं का बहुत-बहुत अभिनंदन। शुभम्।

डॉ. महेश चन्द्र शर्मा

अध्यक्ष, एकात्म मानवदर्शन अनुसंधान एवं विकास प्रतिष्ठान, नई दिल्ली

भावाभिभूत कर देनेवाले कलम के धनी

- डॉ. संपूर्णानंद

नानाजी देशमुख तथा कुछ अन्य मित्रों ने यह इच्छा व्यक्त की कि मैं इस संग्रह के बारे में, जिसमें से यदि सब नहीं तो अधिकांश लेख पहले विभिन्न अवसरों पर दिल्ली के 'ऑर्गेनाइजर' में 'डायरी'' स्तंभ के अंतर्गत प्रकाशित हो चुके हैं, अपना कुछ मंतव्य लिखूँ। मैं तुरंत तैयार हो गया। श्री दीनदयाल उपाध्याय जनसंघ के महान् नेताओं में से एक थे, और मैं अपने संपूर्ण राजनीतिक जीवन में कांग्रेस का सदस्य रहा हूँ। इन परिस्थितियों में कुछ लोगों को आश्चर्य हो सकता है कि यह अनुरोध कैसे किया गया? और कैसे स्वीकार कर लिया गया? मैं इस आश्चर्य को अनुभव करता हूँ। परंतु बात ऐसी है कि यदि अपने देश में जनतंत्र की जड़े मजबूत करनी हैं तो यह सहिष्णुता के उस महान् गुण की मात्र सामान्य अभिव्यक्ति है, जिस पर आचरण करना हम सबको सीखना चाहिए। कोई भी व्यक्ति 'सत्य' पर अपना एकाधिकार होने का दावा नहीं कर सकता।

कोई भी व्यक्ति परस्पर-विपरीत प्रतीत होनेवाले सभी भिन्न-भिन्न पहलुओं के, जिससे 'सत्य' तक पहुँचा जा सकता है, एकमेव जानकार होने का भी दावा नहीं कर सकता। एक सच्चे जनतंत्र में हर व्यक्ति का यह अधिकार एवं कर्तव्य होना चाहिए कि वह 'सत्य' को जैसा समझता है, उसको सुज्ञात विशिष्ट सीमाओं के अंतर्गत अभिव्यक्त कर सके और इसका ध्यान रखे कि उसके समान ही हर व्यक्ति को वही स्वतंत्रता प्राप्त हो सके। हममें से हर व्यक्ति द्‍वारा संग्रहित विभिन्न पहलुओं को ईमानदारी के साथ एकत्र रखकर ही हम 'सत्य' के निकटतर पहुँचने का प्रयास कर सकते हैं।

ज्ञान प्राप्ति के लिए, जिससे हमें मानवता की सेवा करने में सर्वोत्तम सहायता मिल सकती है, जो जो लोग चिंतन एवं दूसरों के साथ विचारों के आदान-प्रदान की प्रक्रिया में तल्लीन रहते हैं, उनका यही रुख होना चाहिए। जो लोग केवल दूसरों पर विजय प्राप्त करने में ही रुचि रखते हैं, वे जनतंत्र की सेवा में सहायक नहीं हो सकते। सबसे बड़ी बात यह है कि जैसा कि प्राचीन ऋषि-मुनियों ने कहा है, 'वादे वादे जायते तत्वबोधः, 'हम 'तत्व-बोध' चाहते हैं। यदि हम किसी के साथ वाद-विवाद में लगते हैं, तो हम वार्ता को 'तत्व-जिज्ञासा' से प्रेरित हमें दिखाई देता है कि इन लेखों को हम तीन विभागों में रख सकते हैं: पहली श्रेणी के लेख मुख्यतः राजनीतिक लेख हैं, जो मुख्यतया अखबारी तर्क-वितर्क की दृष्टि से लिखे गए हैं। इन लेखों में निहित बातों का अपने-आप में कोई महत्व नहीं है। एक प्रकार से, वे केवल उसी अवसर के लिए उद्दिष्ट थे, जिस समय वे लिखे गए। वे घात-प्रतिघात की भावना से, जो राजनीतिक संघर्षों, विशेषकर चुनाव संघर्षों का वैशिष्ट्य है, इससे ओतप्रोत हैं।

वे भविष्य में उपयोगी सिद्ध हो सकते हैं, मैं समझता हूँ कि इस संग्रह में उनके सम्मिलित किए जाने का यही औचित्य है। ताकि इनसे बाद के युग के पाठकों को वही मनोवैज्ञानिक उत्तेजना मिल सकेगी, जो उन पुराने दिनों में भाग लेनेवालों के मनों में उद्भूत हुई थी। किसी प्रकार के मनोवैज्ञानिक आधार के बिना उन दिनों की घटनाएँ पढ़ने में नीरस लग सकती हैं।

दूसरी श्रेणी में उन लेखों का समावेश है, जो पहली श्रेणी के लेखों से घनिष्ठ रूप से संबंधित हैं, परंतु उनसे विस्तृत, गंभीर चिंतनयुक्त एवं काफी विचारोत्तेजक हैं। ऐसे लेख ऐसे किसी के लिए भी अमूल्य सिद्ध होंगे, जो (मान लीजिए) एक दशक, शताब्दी या उसके बाद उन दिनों के इतिहास का अध्ययन करना चाहेंगे। उन्हें ऐसे लेखों से न केवल यह समझने में सहायता मिलेगी कि क्या हुआ और ऐसा क्यों हुआ, बल्कि उन्हें इसके बारे में भी समुचित कल्पना आ सकेगी कि कुछ विशेष व्यक्ति और नारे जन-मन को आकर्षित करने में क्यों सक्षम हो सके? वह यह भी समझ हैं।, सकेंगे कि विभिन्न दलों द्वारा जारी किए गए वक्तव्यों में तर्क का कौन सा 'रोल' रहा? संक्षेप में, इन लेखों में वे सब मसाले विद्यमान है. जिनके बिना निकट अतीत का कोई भी इतिहास सुसंबद्ध और ग्राह्य नहीं हो सकेगा।

सबसे बडी बात यह है कि हम सब ने अपनी अपनी बुद्धि के निकट अतीव के रूप-निर्धारण में हाथ बंटाया है। हम सब ने उसके उस रूप-निर्माण में और उससे उस वर्तमान का विकास करने में, जिसमें हर रहते हैं, अपना योगदान किया है, भले ही वह योगदान तुच्छतम क्यों न यही वह निकट अतीत है-वह अतीत जो स्वतंत्रता प्राप्ति के बाद पैदा हुआ-जो उस

भविष्य की सीढ़ी बनने जा रहा है, जिसका हम सब भिन्न, भिन्न तरीके से स्वप्न देखते हैं। यह आवश्यक कि हम लोग विशेष रूप से अब, जब गर्द और गरमी कुछ शांत हो गई है, उदारतापूर्वक उस अतीत को समझने का प्रयत्न करें। उसे गलत समझकर या तर्क का स्थान भावना को देकर हम कुछ ऐसे भविष्य का निर्माण कर देंगे, जो बिलकुल अवांछनीय सिद्ध हो सकता है। इसलिए यह आवश्यक है कि हम किसी भी व्यक्ति को, जो इस विषय में कुछ कहना चाहता है, पूरा अवसा दें। हम हर कल्पना को, स्वातंत्र्य एवं खुले विचार-विमर्श को, जनता के सामने आने देने का पूरा अवसर प्रदान करें, यही वह कारण है, जिससे मैंने यह अनुभव किया कि यदि स्वर्गीय श्री दीनदयाल उपाध्याय के विचारों को पूर्ण प्रकाश में लाने में सहायता करने के अनुरोध को अस्वीकार कर दूँ, तो मैं अपने कर्तव्य से विमुख हो जाऊँगा। और यह स्मरण रखना चाहिए कि ये विचार किसी ऐरे-गैरे के विचार नहीं हैं। ये विचार हमारे समय के अत्यंत महत्वपूर्ण नेताओं में से एक नेता की कल्पनाओं को अभिव्यक्त करते हैं, जो अपने देश के सर्वश्रेष्ठ हितसंपादन के लिए अपने को अर्पित कर चुका था, जो निर्मल चरित्रवाला था और जो एक ऐसा नेता था जिसके वजनदार शब्द हजारों-हजार शिक्षित व्यक्तियों को भावाभिभूत कर देते थे। यदि हम उनसे सहमत नहीं हैं, तो भी हमें उनका उचित आदर करना चाहिए और हमें उनकी विवेचना करनी चाहिए।

ये चुनाव तथा अस्थायी महत्त्व की अन्य घटनाएँ बीत चुकी हैं, पर देश कायम है-वह देश जिसके नाम पर ने सारी गतिविधियाँ हुई थीं। पुराने योद्धाओं में, जो हाथ में तलवार लिये धराशायी हो गए, हम जो कुछ भी प्रकाश पा सकते हैं, उसे ग्रहण कर हमें देश के लिए अभी भी कार्य करना है।

जो सफाई से लड़े और जिनके हृदयों में कोई दुर्भावना नहीं थी, वे लोग किस दल के थे, इसका कोई महत्व नहीं है। वे एक-दूसरे को सज्जनता को पहचानते थे, और कभी किसी क्षण उनमें से कोई अस्थायी रूप से किसी मानवी दुर्बलता का शिकार भी हो गया हो, तो हमें रामचंद्रजी द्वारा विभीषण को उपदिष्ट इन शब्दों को याद रखना चाहिए-मरणात्तुनिर्वैराणि।

तीसरी श्रेणी के उन लेखों की भी चर्चा करना आवश्यक है, जिनकी संख्या दुर्भाग्य से बहुत कम है। इस श्रेणी के लेख वर्तमान समय को सीमा से बहुत आगे पहुँचे हुए हैं, यद्यपि वे अस्थायी रूप से उत्पन्न परिस्थितियों के आधार पर लिखे गए थे। मुझे आश्चर्य होता है कि क्या स्वयं उपाध्यायजी ने उनको अनुभव किया था, या क्या उनका अनुभव करने के लिए उनके पास समय था। मैं उदाहरण के लिए केवल एक की चर्चा करूँगा। 'आपका मत' शीर्षक लेख वर्तमान मतदाताओं को लक्ष्य कर लिखे गए हैं, किंतु प्रासंगिक रूप से उन विषयों पर भी प्रकाश डॉ.ला गया है, जो राजनीति विज्ञान की महत्त्वपूर्ण समस्याओं से संबंधित हैं।

इन समस्याओं की समुचित जानकारी पर ही समाज की वैज्ञानिक व्यवस्था आधारित है। राजनीति शास्त्र के न केवल वर्तमान काल के, अपितु उदाहरण के लिए भीष्म के समान प्राचीन काल के कुछ महान लेखकों ने भी उन समस्याओं की चर्चा की है। महात्मा गांधी तथा डॉ. भगवानदास जैसे आधुनिक युग के पुरुषों ने भी उनकी चर्चा की है। मत देने के योग्य कौर है, और मत पाने के योग्य कौन है, ये महत्त्वपूर्ण प्रश्न हैं। 'मत प्राप्त करना' वाक्यांश महत्त्वपूर्ण है, और इसमें (Get a Vote) अनेक गुत्थियाँ जुड़ी हुई हैं। मेरा विश्वास है कि उपाध्यायजी के कुछ प्रशंसक इस प्रश्न

को हाथ में लेंगे और इस लेख में निहित गंभीर गुत्थियों मैं नहीं समझता कि इन लेखों का और अधिक परिचय देने की आवश्यकता है। वे शीघ्र ही जनता के सामने आनेवाले हैं और मुझे इस बात की प्रसन्नता है कि मैं भी इस प्रक्रिया में, भले ही अत्यंत अल्प परिमाण में क्यों न हो, संलग्न हूँ।

(पं दीनदयाल उपाध्याय 'पॉलिटिकल डायरी' नामक एक स्थायी स्तंभ 'ऑर्गेनाइजर' में लिखते थे। उनके कुछ स्तंभालेखों का संकलन पॉलिटिकल डायरी' पुस्तकाकार में प्रकाशित हुआ। उस पुस्तक की प्रस्तावना कांग्रेस के वरिष्ठ नेता, राजस्थान के पूर्व राज्यपाल तथा काशी विद्यापीठ के तत्कालीन कुलपति डॉ. संपूर्णानंद ने लिखी थी। वह प्रस्तावना-आलेख यहाँ प्रस्तुत किया गया है।)

तात्कालिक विषयों को भी वे स्थायी-सैद्धांतिक अधिष्ठान के साथ प्रस्तुत करते थे

- मा.स. गोलवलकर

पं. दीनदयालजी ने 'पॉलिटिकल डायरी'' नाम से अंग्रेजी साप्ताहिक 'ऑर्गेनाइजर' में जो लेख लिखे हैं, उसी नाम से पुस्तक के रूप में वे प्रसिद्ध हो रहे हैं। उस पुस्तक को सबके सम्मुख प्रस्तुत करने के लिए मेरी जो योजना हुई है, वह बहुत योग्य है, ऐसा अपने मित्रवर श्री राम बात्राजी ने बताया। उन्होंने 'पर्टिनेट' (प्रसंगोचित) शब्द का प्रयोग किया। उसी शब्द का प्रयोग कर मैं कहता हूँ कि मेरे लिए यह काम 'इंपर्टिनेट' (अनधिकार) होगा। कारण भी बताता हूँ।

अपने देश के एक अति श्रेष्ठ पुरुष के बारे में ऐसा कहा जाता है कि एक बार एक वृद्ध सज्जन उनसे मिलने गए। वे श्रेष्ठ पुरुष देश के मान्यता प्राप्त, बहुत प्रसिद्ध जनसाधारण के नेता थे। भेंट होते ही उन्होंने उक्त वृद्ध सज्जन को अतीव नम्रतापूर्वक प्रणाम किया। जब लोगों ने पूछा, तो उन्होंने बताया कि वे वृद्ध सज्जन प्राथमिक शाला में उनके गुरु थे।

उन्होंने ही पढ़ाया और आशीर्वाद दिया कि बुद्धिमान बनो। उन्हीं के आशीर्वाद से बड़े बने हैं

वे अध्यापक जानते थे कि उनकी योग्यता केवल प्राथमिक शाला में पढ़ाने की थी और ये श्रेष्ठ पुरुष जितने विद्वान हुए, जितनी श्रेष्ठता उन्होंने प्राप्त की, उतनी विद्वत्ता, श्रेष्ठता प्रदान करने की क्षमता उनके अंदर नहीं थी। मेरा भी पंडित दीनदयाल से जो कुछ संबंध आया, वह उस प्राथमिक शाला के शिक्षक के रूप में ही समझना चाहिए, उससे अधिक नहीं।

अब यह लेख संग्रह है। डॉ. संपूर्णानंदजी जैसे ख्यातनाम विद्वान् और देश की राजनीति के अग्रगण्य पुरुष ने प्रस्तावना लिखकर इस लेख-संग्रह की महत्ता को बहुत बढ़ाया है। मुझे इसका समाधान भी है कि डॉ. संपूर्णानंदजी ने एक बहुत ही अच्छी परंपरा का अनुसरण किया है। जनतंत्र का उदय इंग्लैंड में हुआ। वहाँ के जनतंत्र के एक बहुत बड़े समर्थक ने कहा है, "मेरे विचारों से विपरीत विचार व्यक्त करने का तुम्हें अधिकार है, यह मैं मानता हूँ और केवल इतना ही नहीं, तुम्हारे इस अधिकार का मैं समर्थन और रक्षण करूँगा। I will defend your right।" यह जो भाव है, वह जनतंत्र की सफलता के लिए अनिवार्य है। मैं समझता हूँ कि डॉ. संपूर्णानंदजी ने इसी शुद्ध भावना से प्रेरित होकर प्रस्तावना का यह उपक्रम किया है।

इस संग्रह में जितने लेख हैं, वे मैंने शायद ही पढ़े होंगे। मैं वृत्तपत्र पढ़ने में बहुत कच्चा हूँ। कभी-कभार दिखाई दे गया तो पढ़ लेता हूँ- जो भी हाथ लग जाए। एक बार एक वृत्तपत्र पढ़ रहा था। लोगों ने पूछ लिया, "क्या पढ़ रहे हो?" मैंने कहा "क्या हुआ?" तो उन्होंने बताया कि यह तो तीन माह पुराना

है। फिर मेरा दुर्भाग्य यह है कि देश के हित की दृष्टि से जो आवश्यक हो, देश के लिए कोई अहितकर बात हो, सावधान करनेवाली घटना हो, उसी पर पहले मेरी दृष्टि पड़ जाती है। लोग कहते हैं कि तुम दोष देखते हो। बात सच भी है। अब इस संग्रह में जो छपा है, वह मैंने देखा। बिलकुल प्रारंभ में डॉ. संपूर्णानंदजी के प्राक्कथन में संस्कृत का जो उद्धरण है, उसे देखकर मेरे रोंगटे खड़े हो गए।

कारण यह कि वह ठीक नहीं छपा*। (*संस्कृत श्लोक की अशुद्धता को इस पुस्तक में शुद्ध कर दिया गया है।) ऐसा दिखाई देता है कि अंग्रेजी छापखाने का यह गुण ही है कि संस्कृत वचनों को वे अवश्यमेव गलत छापेंगे। पता नहीं! क्या ऐसा विधिलिखित है?

मूलगामी विचारों के अभ्यासक

आज के इस कार्यक्रम का प्रबंध करनेवाले एक महानुभाव ने इस लेख संग्रह की कच्ची प्रतिलिपि मुझे दी थी। यह सोचकर कि बुद्धि में अंधकार रखकर खड़े होना योग्य नहीं, मैंने यहाँ से राजकोट जाते समय और वहाँ से विमान में यहाँ आते समय पूरी पुस्तक पढ़ ली। पुस्तक में अनेक विषय तो तात्कालिक ही हैं, परंतु हमारे दीनदयालजी की एक विशेषता यह थी कि तात्कालिक विषय को भी एक स्थायी सैद्धांतिक अधिष्ठान देकर वे लिखा करते थे बोला करते थे। केवल तात्कालिक बात कहकर उसे छोड देना उनका स्वभाव नहीं था। कई वर्षों तक निकट सहकारी के नाते मैं उन्हें जानता रहा हैं। मुझे पता है कि वे मुलगामी विचारों के अभ्यासक थे। तात्कालिक समस्या पर बोलते या लिखते समय भी, उसके पीछे कोई-न-कोई चिरंतन सिद्धांत है, इसका विचार कर उसके अधिष्ठान पर ही वे शब्दप्रयोग किया करते।

यह ठीक है कि राजनीतिक विरोधी दल के कार्यकर्ता, नेता के नाते शासनारूढ़ दल के अनेक कार्यों पर, उनकी नीतियों पर उन्होंने टीका-टिप्पणी की है। कभी-कभार कुछ व्यक्तियों के संबंध में भी कोई बात न आई हो ऐसा भी नहीं। परंतु उनके लेखों को हम सहृदयता से देखेंगे, तो दिखाई देगा कि टीका-टिप्पणी करते समय भी उनके समूचे हृदय में किसी दल और किसी व्यक्ति के प्रति किसी प्रकार के अनादर की, दूरता की भावना नहीं थी। जो कुछ लिखा है वह आत्मीयता से लिखा है। आत्मीयता इसलिए कि कोई भी दल हो, अपने ही यहाँ का क्यों न हो, यदि अनिष्ट मार्ग से चलता है, तो दल का जो भला-बुरा होनेवाला हो, वह तो होगा ही, परंतु अंततोगत्वा देश का ही नुकसान होता है।

विभिन्न दलों में कांग्रेस कहें, सोशलिस्ट-प्रजा सोशलिस्ट कहें, जनसंघ, हिंदूसभा या रामराज्य परिषद् कहें, सभी दलों में लोग तो अपने ही हैं। अपने लोग यदि कोई त्रुटि, कोई भूल करते हैं, अनिष्ट नीतियाँ अपनाते हैं, कोई कृति करते हैं, जो देश के लिए लाभकारी न हो, तो उसके संबंध में बोलना, सचेत करना देश को भलाई के लिए आवश्यक ही रहता है।

जिसे आजकल राजनीति बोलते हैं यानी दलगत, उसके संबंध में मैं कुछ जानता नहीं। देश, राष्ट्र और समाज की सब प्रकार की श्रेष्ठता, सुरक्षा, उसका सम्मान आदि से जिसका संबंध होता है, उसी के संबंध में मैं बोलता हैं। उदाहरण बताना हो तो कच्छ का जो मामला हुआ है, उसे ही लें। इसके संबंध में बोलते समय अपने प्रधानमंत्री ने कहा, "अंग्रेज गए तो उन्होंने हमको बताया नहीं कि देश की सीमा क्या है।

इसलिए कच्छ का यह हिस्सा हमारा था या नहीं-यह हमको पता नहीं।" यह जब मैंने पढ़ा तो मुझे अतीव दुःख हुआ कि

अपने देश का प्रधानमंत्री अपने देश की सीमा नहीं जानता। इसलिए मैंने कहा कि जिसको देश की सोमा का मालूम नहीं, वह अपना घर-बार बसाए तो इसमें कोई प्रत्यवाय नहीं, परंतु प्रधानमंत्री के दायित्वपूर्ण पद पर उसे नहीं रहना चाहिए। देशभक्ति की यह माँग है कि वे स्वयं त्यागपत्र दें और देशभक्ति की ही यह माँग है कि यदि वे त्यागपत्र न दें तो मंत्रिमंडल के उनके जो सहयोगी हैं, वे उनसे अपना स्थान छोड़ने की प्रार्थना करें। यह बड़ा लाभदायक होगा। इससे देश के भीतर अच्छा वायुमंडल उत्पन्न करने में सहायता भी होगी। मैं जानता हूँ कि मैंने जब यह कहा, तो इससे काफी लोग नाराज हुए। कुछ लोगों ने कहा कि ये राजनीतिक बात करते हैं।

शासन कोई भी चलाए

शासन कांग्रेस चलाती है या और कोई चलाता है, इससे मुझे कोई सुख दुःख नहीं। शासन अच्छा चलता है, देश की रक्षा होती है, जनसाधारक सुरक्षितता अनुभव करते हैं, सुख की वृद्धि होती है, आत्मविश्वास, राष्ट्रभक्ति आदि पवित्र गुणों का विकास होकर सर्वसाधारण मनुष्य चारित्र्यसंपन शीलसंपन्न, आत्मसमर्पण की भावना से युक्त बनता है, इसमें मेरी रुचि है। मुझे इसमें कोई रुचि नहीं कि वहाँ कुर्सी पर कौन बैठता है, शिखर पर बैठने की सबकी इच्छा होती है, परंतु मैंने कहा कि भाई, शिखर पर बैठने की इच्छा क्यों हो। बड़े-बड़े मंदिरों के शिखर पर तो कौव भी बैठते हैं। हमें तो उस नींव का पत्थर बनने की आकांक्षा करनी चाहिए, जो अपने कंधों पर मंदिर को भव्य स्वरूप देता है।

इसलिए जहाँ ऐसे गुणों का विकास दिखाई देता है, वहाँ मुझे संतोष होता है। अपने स्वदेशी लोगों द्वारा चलाया हुआ राज्य

जब तक रहेगा तब तक हम तो तुलसीदासजी के वचन में यह कहेंगे-'कोउ नृप होउ हमहि का हानी'। अर्थात् विदेशी नहीं चलेंगे। परकीय, आक्रमणकारी, राष्ट्रविरोधी नहीं चलेंगे। स्वकीय कोई भी हो, अपने ही हैं। आनंद से बैठें। हमें उसमें क्या चिंता है। परंतु मन को खटकनेवाली, राष्ट्र की दृष्टि से अपमानकारक यदि कोई बात दीखती है, तो उसका उल्लेख करना मेरा धर्म है। उसमें राजनीति वगैरह का कोई झंझट नहीं। और जब कोई ऐसा कहता हो, तो कहना चाहिए कि उसे राजनीति समझ में नहीं आती। बेकार ही राजनीतिक दल में काम करता है।

युधिष्ठिर की परंपरा के अनुगामी

पं. दीनदयालजी एक विरोधी दल के प्रमुख व्यक्ति थे। उनका तो यह कर्तव्य ही था कि जो अनिष्ट दिखे, जो-जो कुछ त्रुटिपूर्ण दिखाई दे, उसके विषय में अपने मत वे असंदिग्ध शब्दों में प्रकट करें। उन्होंने यही किया। परंतु उनके सब लेखों को देखें, तो हमें दिखाई देगा कि उनके हृदय के अंदर कोई कटुता नहीं थी। शब्दों में भी कटुता नहीं थी। बड़े प्रेम से बोला करते। मेरा तो बहुत संबंध था। कभी किसी पर जरा भी नाराज नहीं हुए। बहुत खराबी होने पर भी खराबी करनेवाले के प्रति अपशब्द का प्रयोग नहीं किया। वे युधिष्ठिर के समान थे। दुर्योधन में दुराक्षर था, इसलिए वे दुर्योधन नहीं 'सुयोधन' कहा करते थे। दीनदयालजी भी इसी परंपरा के थे। इसलिए उनमें कटुता दिखाई नहीं दी। शब्दों में नहीं, हृदय के अंदर नहीं, वाणी में भी नहीं। इस पुस्तक में हमें उसका प्रत्यय मिलेगा।

अपना यह जो जनतांत्रिक ढाँचा है, वह एक विशेष प्रकार का है। अंग्रेजों के संपर्क में आने के कारण उन्होंने जैसी प्रजातंत्र

की पद्धति अपनाई, विकसित की, उसी को हमने ग्रहण किया, उसी का अनुसरण किया। स्वयं हमने तो यह पद्धति बनाई नहीं। लोग कहते हैं कि आजकल की यही सर्वश्रेष्ठ पद्धति है और राज्य चलाने की जो भिन्न-भिन्न पद्धतियाँ हैं, उनमें से यह पद्धति अंतिम सत्य के रूप में प्रकट हुई है। 'ब्रह्म सत्यं' कहा तो लोग कहते हैं कि इसको अंतिम सत्य मत मानो, तो इस विषय में कुछ और संशोधन करो। इस प्रकार का तर्क करनेवाले लोग ही ऐसा कहते हैं कि राज्य चलाने की जो भिन्न-भिन्न पद्धतियाँ हैं, उनमें यह पद्धति अंतिम सत्य के रूप में प्रकट हो गई है।

राज्य चलाने को और भी भिन्न-भिन्न पद्धतियाँ हैं। सामान्य व्यवहार के क्षेत्र में कोई चीज कभी भी स्थायी नहीं रहती, नित्य बदलती रहती है. वहाँ यही एक पद्धति अंतिम है, सत्य है- यह बात नहीं जंचती नहीं। इसके नारे में कोई यह नहीं कह सकता कि यही एक श्रेष्ठ है। फिर भी आब हम लोगों ने यह मान लिया है कि यह अच्छी है। अपने सामने चलनेवाली अन्य विभिन्न पद्धतियों की तुलना में इसमें दोष कम हैं। कुछ दोष तो अवश्य ही हैं। परंतु कम-से-कम हैं। दोष हों भी तो उनको दुरुस्त करने की कुछ संभावना भी रहती है। इसीलिए यह अच्छी है। परंतु अच्छो कब है? वह अच्छी तभी है, जब उसके जो पथ्य हैं, उन्हें समझकर तदनुसार हम सब लोग मिलकर व्यवहार करने के लिए कटिबद्ध हों। यदि किसी ने कहा कि अन्य लोग पथ्यों का पालन करें, मैं नहीं करूँगा, कोई कहे कि वह इस पद्धति को भी नहीं मानता, देश को भी नहीं मानता, तब तो यह बड़े खतरे की बात है। इसी बात का विचार कर पं. दीनदयालजी ने जनतंत्र के विषय में अपना मत प्रकट किया है, कुछ गुण बताए हैं। यह बताया है कि मताधिकार का प्रयोग कैसे करना चाहिए। उसमें कुछ

अंश तो अपने दल के प्रचार का है। इसमें कोई दोष भी नहीं, क्योंकि कोई भी आदमी अपने दल का प्रचार तो करेगा ही। परंतु इसके साथ ही उन्होंने स्थायी सिद्धांत भी दिए हैं, जो सदा के लिए सभी दलों और सभी दलों के सभी व्यक्तियों के लिए विचारं करना चाहिए। सफल प्रजातंत्र के लिए यह आवश्यक है, लाभदायक है। आर्थिक समस्या, पंचवर्षीय योजना आदि की दृष्टि से भी इसमें अनेक प्रकार के विचार दिए गए हैं, मैंने पढ़ने का प्रयत्न किया। इसमें राजनीति हैं, अर्थनीति भी हैं। इनके विषय में मैं कुछ बोल नहीं सकता, परंतु इतना कह सकता हूँ कि अत्यंत मनन से, देश का ही भला हो इस प्रकार हृदय में गंभीरतापूर्वक विचार करने के बाद जो मत बने, वे ही इन लेखों में उन्होंने अभिव्यक्त किए हैं। सब लोग यदि थोड़ा सा पठन करेंगे तो विचार के लिए कुछ खाद्य मिलेगा, स्वतंत्र रूप से विचार की अनुकूलता प्राप्त होगी, देश के संपूर्ण जनतांत्रिक ढाँचे में अपनी ओर से भी कुछ योगदान करने की अपनी क्षमता बढ़ेगी।

असामान्य कर्तृत्व

उनके व्यक्तिशः संबंध में मैं कुछ बोलूँगा नहीं, अभी तक मैंने कुछ कहा नहीं। मुझे बहुत ही दुःख होता है। वे संघ के एक प्रचारक थे। मैं संघ का एक स्वयंसेवक हूँ। संघ यानी राष्ट्रीय स्वयंसेवक संघ। उसका कुछ उत्तरदायित्त्व लोगों ने मुझ पर रखा है। इस कारण उनसे अपना एक प्रचारक के नाते मेरा संबंध था। अब तो में पंडितजी वगैरह कहता हूँ, क्योंकि सर्वसामान्य समाज में उन्होंने जो प्रतिष्ठता प्राप्त की, उस नाते मुझे वैसा कहना चाहिए। परंतु वह एक बालक, एक विद्यार्थी इस नाते बढ़ा। केवल बढ़ा ही नहीं तो बड़ा हुआ। इस प्रकार का हमारा संबंध था। मेरे सामने देखते-घूमते चला

गया। मैं उससे 10-12 साल बड़ा हूँ। वह बिलकुल तारुण्य में गया, इसका दुःख है।

कभी-कभी मुझे ऐसा लगता है कि वह संघ का प्रचारक था तो अच्छा था। हमारे स्व. डॉ. श्यामाप्रसादजी एक बार मेरे पास आए और उन्होंने कहा, "मैं एक राजनीति दल चलाता हूं, मुझे कुछ कार्यकर्ता दो।" इस हमारे सब मित्रों ने कहा कि "दीनदयाल अच्छे आदमी है। उनको अच्छा आदमी चाहिए। डॉ. श्यामाप्रसाद से अपना निकट संबंध है तो उनको एक सहयोगी देना कठिन नहीं है। "इसलिए उनसे कहा कि "अच्छा, दीनदयाल आपको देते हैं।" उन्हें वह प्राप्त हो गया। जनसंघ की वृद्धि से हम समझ सकते हैं कि उन्हें कितना बड़ा कार्यकर्ता प्राप्त हुआ। थोडे ही समय में उसने जो प्रतिष्ठा कमाई, एक नाम कमाया, उससे हम समझ हैं कि उसमें कितना कर्तृत्व था।

मैं जानता था कि वह कर्तृत्ववान है। मैं जानता था कि वह गुणवान है। बुद्धिमान है। मुझे इस बात का भी प्रत्यक्ष अनुभव है कि संघ के प्रचारक के नाते वह संगठन के शास्त्र में कुशल है। मैं यह भी जानता था कि अपनी मधुर वाणी, स्निग्ध व्यवहार और सब प्रकार के मानसिक-बौद्धिक संतुलन से उस क्षेत्र में वह असामान्य स्थान प्राप्त करेगा। देश में तो उसे बहुत बड़ा स्थान प्राप्त हो चुका था। और भी बड़ा स्थान मिल सकता था, मिलनेवाला था। शास्त्र में कुशल मुझे दुःख यही होता है कि जगत् में सामने आने असामान्य स्थान प्राप्त करने के पहले ही वह चला गया। जगत् में भी उसका नाम हमेशा के लिए स्मरण रह सके, ऐसा बनने के पहले ही वह चला गया।

दोज हूम गॉड लव्हज

अपने घर का लड़का बुद्धिमान हो, होशियार हो, खूब उत्तम रीति से परीक्षा उत्तीर्ण हो रहा हो. इधर-उधर नाम कमा रहा हो, ऐसा लड़का चट से चला जाए तो माँ-बाप को कैसा दुख होता है? आप में से बहुतांश परिवार चलाने वाले लोग हैं। आप उसकी कल्पना कर सकते हैं। मैं परिवार नहीं चलाता, इसलिए मेरी जो दुःख की भावना है, वह शतगुणित है। इसीलिए उसके वैयक्तिक संबंध में कुछ नहीं कहूँगा। इतना ही कहूँगा कि ईश्वर ने ले लिया है। अंग्रेजी को एक पुरानी कहावत मैंने पढ़ी है कि "दोज हूम गॉड लव्हज डॉ.य यंग"। भगवान को शायद उस पर अतीव प्रेम था, इसी कारण हम लोगों के प्रेम की अवहेलना करके वह उसे उठाकर ले गया।

जाँच हृदय से नहीं हुई

जिस प्रकार से वह गया, जिस प्रकार की यह घटना है, वह भी दुःखकारक है। उसका कोई पता नहीं लगा सका, यह और भी दुःखकारक और लज्जास्पद है। इस मामले में जो कुछ हुआ है, उसकी मुझे पहले ही आशंका थी। उसके शरीर का दर्शन करने के लिए मैं वाराणसी गया था। पोस्टमार्टम के स्थान पर उसका शरीर देखा और बाहर आ गया। मित्रों से मैंने कहा, "भाई देखो, इसका जो investigation है, it will be side tracked; be aware, take care.

मित्रों ने कहा, "ऐसा क्यों कहते हो?" परंतु चारों ओर देखकर मेरे हृदय में यह निश्चित आभास हो गया था। मुझे ऐसी पूर्वसूचना अनेक बातों की मिलती है। ऐसी ही एक पूर्वसूचना मेरे हृदय की थी। किसने किया होगा, नाम तो कहने की मेरी शक्ति नहीं है, परंतु किन क्षेत्रों से यह हुआ है-इसकी

भी पूर्वसूचना मेरे अंतःकरण में है। मेरे हृदय का यह परिपूर्ण विश्वास है कि अभी जो कुछ चल रहा है, वह तो उस पर परदा डॉ.लने के लिए ढकोसला खड़ा किया जा रहा है। परंतु मैं तो कुछ कर नहीं सकता। मैं कोई 'इंव्हेस्टिगेटिंग ऑफिसर' तो हूं नहीं और न कोई सरकारी अधिकारी हूं। यह व्यथा मात्र मैं प्रकट कर देता हूँ कि जाँच-पड़ताल हृदय लगाकर नहीं हुई है और ऐसा लगता है कि जाँच-पड़ताल को मार्गभ्रष्ट करने का प्रयास भी किया गया।

मैं समझता हूँ कि यह ठीक नहीं है। आज एक दल का गया, यह दुर्भाग्य अन्य दलों पर नहीं आएगा, यह कोई कह सकता है क्या? इसलिए उसका वहीं पर यानी प्रथम स्थिति में ही प्रबंध किया जाना चाहिए। योग्य रूप से पता लगाकर इसके लिए अगर कोई दल, कोई समाज अथवा व्यक्तिसमूह अपराधी दिखाई दे, तो उसे कठोर रीति से दंडित कर एक ऐसा वायुमंडल उत्पन्न करना आवश्यक है, जिससे फिर कभी कोई खराब माथे का व्यक्ति या व्यक्तिसमूह, अपने देश का जनतंत्र चलानेवाले किसी भी दल के किसी भी व्यक्ति पर हाथ उठाने का साहस न कर सके। ऐसा वायुमंडल बनाना सभी का कर्तव्य है, शासन का तो वह धर्म है। वह नहीं हुआ, इसका दुःख है।

रोने के लिए समय कहाँ?

परंतु 'गतं न शोच्यं' आगे का सोचो। मैं रोते नहीं बैठा, कभी बैठूंगा भी नहीं। परंतु अन्य कार्यकर्ता उसके शरीर को देखते ही कटे पेड़ की तरह हो गए। गिरते हुए इन कार्यकर्ताओं को पकड़कर मैंने कहा, "क्या कर रहे हो, भाई? आप तो एक कार्य के पीछे लगे हुए हो। रोने के लिए समय किसके पास है? अपने पास समय नहीं। शरीर जब कार्यक्षम नहीं रहेगा,

कार्य की वृद्धि नहीं कर पाएँगे, तब बुढ़ापे में और मृत्युशय्या पर जितने भी दुःख हैं, उनके लिए रो लेंगे। अभी रोने के लिए समय नहीं है। यह तो काम का समय है।"

इसलिए हमें सोचना चाहिए कि यदि कोई गया तो जाने दो। एक गया तो क्या होता है। यह तो बहुरत्ना वसुंधरा है हमारी। हमारे समाज ने एक के बाद एक कितने ही असामान्य पुरुष पैदा किए हैं। दीनदयाल कोई अंतिम नहीं है। वैसे पुनः उत्पन्न हो सकते हैं, ऐसा विश्वास दिलानेवाली एक विभूति इस नाते से वह अपने सामने है। इसी आश्वासन के साथ हम अपने अंतःकरण में यह आशा और विश्वास लेकर चलें कि अपनी लगन से, अपनी ध्येयनिष्ठा से, अपने प्रयत्नों से अपने समाज में एक से एक बढ़कर कार्यकर्ता फिर से खड़े होंगे। विचार करने वाले खड़े होंगे। व्यक्तिगत परिवार-संसार की सब चिंताओं को छोड़कर केवल राष्ट्र का ही परिवार चलाने की दृढ़ता हृदय के अंदर लेकर चलनेवाले और जिन्हें त्यागमूर्ति न भी कहा जाए, परंतु जो त्याग के परिपूर्ण रूप हों, इस प्रकार के लोग खड़े होंगे। इसके लिए प्रयत्न करना अपना प्रथम कर्तव्य है। हृदय के अंदर ऐसा दृढ़ विश्वास लेकर हम लोग चलें, तो ऐसा समझा जाएगा कि उनके स्मारक इत्यादि की दृष्टि से हम लोगों ने अच्छा कार्य किया।

('पॉलिटिकल डायरी' पुस्तक का लोकार्पण 17 मई, 1968 को रा.स्व.संघ के द्वितीय सरसंघचालक श्री मा.स. गोलवलकर (श्रीगुरुजी) के कर कमलों से मुंबई में संपन्न हुआ। उनके भाषण का आलेखन ही यहाँ प्रस्तुत किया गया है।)

समाचार : हिंदुस्थान की अभिव्यक्ति

- पंडित दीनदयाल उपाध्याय

प्रतिक्षण हमारे चारों ओर अनेक घटनाएँ घटती हैं। जीवन के प्रत्येक व्यवहार से उनका संबंध रहता है, इनमें से जिन घटनाओं को हम दूसरों को बताना आवश्यक तथा उचित समझते हैं, वह समाचार है, जिस समाचार का सार्वजनिक महत्त्व है, जो व्यक्तिगत अथवा कुटुंब मात्र की रुचि और चिंता का विषय न हो, वह अखबारों के लिए खबर बन जाता है। समाचार और साहित्य में मूल अंतर यही है कि समाचार मुख्यतः दूसरों की घटी और कृति से संबंध रखता है; जबकि साहित्य प्रधानतः आत्माभिव्यक्ति है। वस्तुगतता समाचार का मुख्य गुण है, किंतु अनगिनत घटनाओं में से समाचार संकलनकर्ता कुछ को ही रिपोर्ट करता है। सबका संकलन न तो संभव है, न आवश्यक। किसी भी दृश्य का या व्यक्ति का फोटो उनकी पूर्ण प्रतिच्छाया होती है। किंतु चित्रकार की तूलिका से बने चित्र में केवल वे विवरण रहते हैं, जो दर्शक को वस्तु की सही कल्पना देने के साथ उसके ऊपर वांछित प्रभाव भी कर सकें। इसी प्रकार घटना का यथार्थ वर्णन मात्र

समाचार नहीं, बल्कि रुचिकर तथा जनता की जिज्ञासा को शांत करनेवाला भी होना चाहिए।

जनरुचि और जन जिज्ञासा का विचार करते हुए भी संवाददाता केवल द्रष्टा और उदासीन भाव से काम नहीं करता। जनरुचि की तुष्टि तथा उत्पन्न जिज्ञासा की संतुष्टि हो नहीं तो जनरुचि का निर्माण तथा उसे दिशा देने का महत्त्वपूर्ण कार्य भी संवाददाता को करना होता है। यह उसके कार्य का भावात्मक एवं रचनात्मक पहलू है। यदि उसे इस दिशा का भान नहीं रहा तो समाचार संकलन तथा वितरण में उसे सदैव कठिनाई बनी रहेगी तथा उसमें वह कोई विशेष निर्माण नहीं कर सकेगा। चुगलखोर एवं संवाददाता में अंतर है। चुगली जनरुचि का विषय हो सकती है, किंतु वह सही मायने में संवाद नहीं। संवाद को तो सत्य, शिव, सुंदर के तीनों आदर्शों को चरितार्थ करना चाहिए। केवल सत्य और सुंदर से काम नहीं चलेगा।

संवाददाता शिव का बराबर ध्यान रखता है, किंतु वह उपदेष्टा की भूमिका लेकर नहीं चलता। वह यथार्थ के सहारे वाचक को शिव की ओर इस प्रकार ले जाता है कि शिव यथार्थ बन जाता है, संवाददाता न तो शून्य में विचरता है और न कल्पना जगत् की बातें करता है, वह तो जीवन की ठोस घटनाओं को लेकर चलता है और उनमें से शिव का सृजन करता है।

उपर्युक्त पृष्ठभूमि में विचार करें तो यह मानना पड़ेगा कि तथ्यगतता समाचार का प्रधान गुण होते हुए भी वह संकलन कार्य के व्यक्तित्व से अछूता नहीं रह सकता। प्रत्येक समाचार में अपनी निजी विशेषता रहनी चाहिए। भारत में समाचार जगत् में इस दृष्टि से बहुत कुछ कमी है। यहाँ के अधिकांश

समाचार-पत्र एक ही ढाँचे के हैं। संपादकीय तथा एक-दो समाचारों को छोड़कर सब पत्र एक से हैं। फलतः सार्वजनिक जीवन में महत्वपूर्ण काम करनेवाले भी यह आवश्यक नहीं समझते कि वे एकाधिक समाचार-पत्र पढ़ें। किसी भी एक समाचार-पत्र से उनका काम चल जाता है। भारत के समाचार पत्रों का अपना कोई निजी व्यक्तित्व नहीं विकसित हुआ है।

इस स्थिति का मुख्य कारण है कि सभी समाचार पत्रों का स्रोत एक ही है-प्रेस ट्रस्ट ऑफ इंडिया। जो रॉयटर की भारतीय शाखा एसोसिएटिड प्रेस ऑफ इंडिया का रूपांतर मात्र है। सरकारी सूचना विभाग ही इन पत्रों के समाचारों के मुख्य आधार है, पत्रों के निजी संवाददाता नहीं के बराबर हैं। बहुधा तो एक ही संवाददाता कई-कई पत्रों को समाचार भेजता है। जहाँ अलग-अलग संवाददाता हैं भी, वहाँ सभी संवाददाता प्रायः एक ही संवाद भेजते हैं। कारण किसी भी घटना के संवाद मूल्य के संबंध में अधिकांश संवाददाताओं की घिसी-पिटी धारणाएँ हैं और यदि किसी संवाददाता ने नए ढंग का समाचार भेजा भी तो समाचार संपादक अपनी लीक छोड़ने को तैयार नहीं। फलतः स्वराज्य के बाद भी हमने पत्रकारिता के क्षेत्र में कोई नया विकास नहीं किया है।

संवाद-जगत् में राजनीतिक नेताओं, संस्थाओं का प्रभाव, उनमें भी राजकर्ताओं का एक प्रकार से सर्वस्वी वर्चस्व हो गया है। यह भारतीय राष्ट्रजीवन की धारणा के प्रतिकूल है। राजनीति के अतिरिक्त भी क्षेत्र हैं, जिनमें जनता की रुचि है. किंतु उस ओर ध्यान नहीं जाता। यदि कहीं जाता भी है तो अपराध या दुर्घटनाओं के समाचार की ओर। साहित्य, संस्कृति, धर्म इन क्षेत्रों के समाचार तो यत्किंचित् हो मिलेंगे। विदेशी समाचारों का भी हमारे यहाँ बहुत प्रभुत्व है। अर्जेंटिना

में हुई रेल दुर्घटनाओं को हमारे यहाँ समाचार पत्रों में स्थान मिल जाएगा, किंतु जगदगुरु शंकराचार्य का यदि कोई कार्यक्रम नगर में भी हो तो संवाद योग्य नहीं समझा जाएगा। हाँ, रायटर से प्राप्त होने के कारण पोप या किसी विदेशी पंच प्रमुख के समाचार अवश्य छप जाएंगे। अकाली नेता मास्टर तारा सिंह के वक्तव्य संवाद योग्य समझे जाते हैं, क्योंकि वे राजनीति में भाग लेते हैं, किंतु शिरोमणि गुरुद्वारा प्रबंधन कमेटी के नेताओं के अन्य वक्ताओं का कोई मूल्य नहीं।

संवाद मूल्य संबंधी इस धारणा के अतिरिक्त संवाद की भाषा भी महत्त्व का विषय है। अभी तक हमारा कामकाज अंग्रेजी में होता है। संवाद समितियाँ अंग्रेजों में चलती हैं, देशी भाषाओं के पत्र भी अंग्रेजी से अनुवाद के सहारे काम चलाते हैं। फलतः भारत की अभिव्यक्ति तो हो ही नहीं पाती। अनेकदा भाव के स्थान पर भाषा का अत्यधिक महत्त्व हो जाता है। अंग्रेजी में विचार करनेवाले भारतीय भावों को ग्रहण नहीं कर पाते, जो ग्रहण भी करते हैं, वे उसे अंग्रेजी में व्यक्त नहीं कर पाते। जितने समाचार संकलित होते हैं, वे सब-के-सब अंग्रेजी पत्रों तथा उनके पाठकों को ध्यान में रखकर होते हैं और हिंदी पत्र या दूसरी भाषाओं के पत्र को वे ही समाचार दिए जाते हैं। प्रत्युत पी.टी.आई. के अनुसार तो उनको दूसरे दर्जे की सेवा, जो कुछ सस्ती है, दी जाती है। इसमें मूल समाचारों को और भी संक्षिप्त कर दिया जाता है। इन समाचार-पत्रों का संपादक अनुवादक से अधिक कुछ नहीं बन पाता। अनेक बार तो भारतीय भाषाओं में कही गई बातों का संवाददाता अंग्रेजी में अनुवाद करता है और फिर उस अनुवाद का संपादक के द्वारा भारतीय भाषाओं में अनुवाद होता है। इस दोहरे अनुवाद में मूल की क्या गति होगी,

इसकी कल्पना ही की जा सकती है। मद्रास का हेमिल्टन ब्रिज जैसे बरबरस ब्रिज बन गया, उसी प्रकार इन वक्तव्यों का आए दिन रूप बिगड़ता रहता है।

आवश्यकता है कि समाचार क्षेत्र में विद्‌यमान इन विविध प्रकार के एकाधिपत्यों को तोड़ा जाए। विदेशी समाचार, अंग्रेजी भाषा, राजकर्ता, राजनीति, एक ही समाचार समिति, सरकारी सूचना विभाग का समाचार जगत् पर लगभग एकाधिकार है। जब तक यह समाप्त नहीं होता हम इस क्षेत्र का विकास नहीं कर पाएँगे। हिंदुस्थान समाचार ने भारतीय भाषाओं के माध्यम से समाचार देने का एक स्तुत्य प्रयास किया है। मैं आशा करता हूँ कि इसके समाचारों में हिंदुस्थान की अभिव्यक्ति होगी तभी उसका नाम सार्थक होगा तथा विद्‌यमान अभाव को दूर करने में उसे सफलता मिलेगी।

व्रती पत्रकार थे दीनदयालजी

- डॉ. महेश चंद्र शर्मा

जब दीनदयालजी के पत्रकारी रूप रूप पर प्रकाशन करने की योजना बनी, तब यह सवाल उभरा था कि क्या उनके व्यक्तित्व को इस प्रकार खंड-खंड करके देखना उचित है। यह सवाल अनुचित भी नहीं था। इसका जवाब यह होना चाहिए कि किसी व्यक्तित्व को खंड-खंड करके नहीं, समग्रता में ही देखना चाहिए। चूँकि समग्र को देखने के लिए उसके विविध आयामों को रेखांकित करने की आवश्यकता होती है, इसलिए यह किसी भी प्रकार से समग्रता का विखंडन नहीं, वरन् समग्रता का समुचित प्रकार से आकलन करने की योजना है। यह विभिन्न शीर्षकों में उनके जीवन को देखने का प्रयत्न है, इसलिए 'पत्रकारिता और दीनदयाल उपाध्याय' विषय का 'प्रकाशन हो रहा है। मुद्दा यह है कि जिन्होंने समग्रता से समाज को देखा, सृष्टि को देखा, संपूर्ण ब्रह्मांड को देखा, उस समग्र दृष्टि से उन्होंने पत्रकारिता को कैसा देखा, इसको हम जान सकें।

कुछ जानकारियाँ इतिहास की हैं। किस तरह से 'राष्ट्रधर्म' शुरू हुआ, 'पाञ्चजन्य' शुरू हुआ, दैनिक 'स्वदेश' शुरू हुआ। इन

पत्रिकाओं को चलाने में दीनदयालजी की भूमिका निर्णायक थी, भले ही वे औपचारिक रूप से इनके संपादक नहीं थे। लेकिन इन पत्रों के वे सबकुछ थे, वे लिखते भी थे। उनके कुछ संपादकीय तो हस्ताक्षरित भी थे। बाद में ऑर्गेनाइजर' और 'पाञ्चजन्य' में उनके दो स्तंभ छपने लगे। 'पाञ्चजन्य' में पराशर के नाम से 'विचारवीथी' और 'ऑर्गेनाइजर' में ' पॉलिटिकल डायरी''। बाद में 'पॉलिटिकल डायरी'' जब पुस्तक के रूप में छपी तो प्रकाशित पुस्तक की भूमिका कांग्रेस के विख्यात नेता डॉ. संपूर्णानंद ने लिखी। उन्होंने अच्छा विवेचन किया। उन्होंने लिखा है, "कुछ लेख ऐसे हैं जो तात्कालिक संदर्भों के हैं, कुछ लेख ऐसे हैं जो कुछ दूर तक जानेवाले हैं और कुछ लेख ऐसे हैं जो कालजयी हैं।" मतदाता अपना मत किसको दे, दल कैसा हो, प्रत्याशी कैसा हो, स्वयं मतदाता कैसा हो, इन संदर्भमें उनके आलेखों को डॉ. संपूर्णानंद ने कालजयी कहा है। लोकतंत्र का विकास करना है तो यह वे आलेख हैं, जिन पर गंभीरता से विचार करना है।

जब मैं दीनदयाल जी के संदर्भ में अनुसंधान कार्य कर रहा था, तब मैंने तीन प्रसंग इस आलेख के लिए चुने हैं। पहला प्रसंग है-जुलाई 1953 में 'पाञ्चजन्य' का 'अर्थ' अंक। आर्थिक विषयों पर बहुत मेहनत से सामग्री एकत्र की गई। संपादक थे श्री महेंद्र कुलश्रेष्ठ। कुलश्रेष्ठजी को अपने पत्र में दीनदयालजी ने स्वयं ही अंक की समीक्षा लिखकर भेजी। उस समीक्षा में उन्होंने कहा, "सामग्री के चयन में निष्पक्षता और पूर्णता रहनी चाहिए।" उन्होंने लिखा, "पंचवर्षीय योजना में श्री रणदिवे की आलोचना को क्यों स्थान दिया गया (रणदिवे कम्यूनिस्ट पार्टी के थे), जबकि अन्य दलों की आलोचना का समावेश नहीं है। इसमें समग्रता का अभाव है। पत्रकारिता में शिष्टाचार की अवहेलना नहीं होनी चाहिए।" समीक्षा में

उन्होंने आगे लिखा, संपादकीय में श्री अशोक मेहता की शासन के साथ सहयोग की नीति की आलोचना करते हुए' मूर्खतापूर्ण' शब्द के स्थान पर यदि किसी सौम्य शब्द का प्रयोग होता तो 'पाञ्चजन्य' की प्रतिष्ठा के अनुकूल होता।" उन्होंने 'अर्थ' अंक की ऐसी बेबाक समीक्षा की। उनकी इस समीक्षा में पत्रकारिता के प्रति उनके नजरिए को सहज ही समझा जा सकता है।

अपने इसी अनुसंधान के दौरान 'पाञ्चजन्य' के तत्कालीन संपादक श्री भानुप्रताप शुक्ल से मैंने दीनदयालजी के पत्रकार स्वरूप के बारे में पूछा तो उन्होंने कहा कि 'पाञ्चजन्य' से उनके संबंध दिखते नहीं थे, हम लोग अनुभव करते थे। उनका सान्निध्य बड़ा मृदु और शिक्षाप्रद होता था। वे आते थे, पत्रकारिता पर चर्चा होती थी, खबर कैसे बनाना, शीर्षक कैसे लगाना आदि से लेकर सभी छोटी-बड़ी सैद्धांतिक और व्यावहारिक बातें होती थीं, हम उनसे बहस भी करते थे। एक बार दीनदयालंजी लखनऊ आए, तव संत फतेह सिंह किसी विषय पर आमरण अनशन कर रहे थे। हमने 'पाञ्चजन्य' में शीर्षक दिया 'अकालतख्त के काल'। उन्होंने यह शीर्षक हटवा दिया, समझाया कि सार्वजनिक जीवन में इस प्रकार की भाषा का उपयोग नहीं करना चाहिए, जिससे परस्पर कटुता बढ़े तथा आपसी सहयोग और साथ काम करने की संभावना ही समाप्त हो जाऐ। अपनी बात को दृढ़ता से कहने का अर्थ कटुतापूर्वक कहना नहीं होना चाहिए।

तीसरा प्रसंग ऑर्गेनाइजर के तत्कालीन संपादक श्री के. आर. मलकानी से संबंधित है। उन्होंने बताया कि जब सन् 1968 में तीन दिन से भी कम अवधि में हरियाणा, पश्चिम बंगाल और पंजाब की गैर-कांग्रेसी सरकारें गिरा दी गईं, तब हमने

(ऑर्गेनाइजर में) एक व्यंग्यचित्र छापा, जिसमें तत्कालीन गृह मंत्री श्री चव्हाण लोकतंत्र के बैल को काटते हुए दर्शाए गए थे। बहुतों को यह कुछ अतिवाद लगा। पंडितजी की प्रतिक्रिया थी, चाहे व्यंग्यचित्र ही क्यों न हो, गो-हत्या का यह दृश्य मन को धक्का पहुँचाने वाला है।

उनके संपादकीय आलेखों, स्तंभों, इन सबको देखकर दीनदयालजी के बारे में जो चित्र उभरता है, वह यह कि उनका पत्रकार प्रोफेशनल नहीं है, वह व्रती है, मिशनरी है। हाल ही में एक सुखद तथ्य ध्यान में आया है कि 'हिंदुस्थान' समाचार की 15वीं वर्षगाँठ पर उन्होंने एक लेख लिखा और उसमें एक ऐसे शब्द का प्रयोग है, जो आज तक मैं सोचता था कि इसको क्या कहा जाए? आजकल जब पत्रकार किसी से साक्षात्कार करता है तो वह साक्षात्कार कम तथा कई बार थानेदार की तरह इंटेरोगेट' ज्यादा करता है। समाचार वह ऐसे देता है, जैसे हम किसी की चुगली करता है। यह चुगली शब्द पढ़ कर मुझे बहुत अच्छा लगा।

दीनदयालजी का कहना था, "चुगलखोर और संवाददाता में अंतर है। चुगली जनरुचि का विषय हो सकती है, किंतु वह सही माने में संवाद नहीं। संवाद को 'सत्यम्, शिवम्, सुंदरम्' तीनों आदर्शों को चरितार्थ करना चाहिए। सत्यम् और सुंदरम् से काम नहीं चलेगा। यह बात मुझे बहुत महत्त्वपूर्ण लगी। सत्यम् और सुंदरम् के साथ संवाददाता शिव का भी बराबर ध्यान रखता है। वह केवल उपदेशक की भूमिका लेकर नहीं चलता, वह यथार्थ के सहारे वाचक को शिवम् की ओर इस प्रकार ले जाता है कि शिवम् यथार्थ बन जाता है। संवाददाता न तो शून्य में विचरता है और न कल्पना-जगत् की बात करता है, वह तो जीवन की ठोस घटनाओं को लेकर चलता

है और उसमें से शिव का सृजन करता है।" ऐसी अनेक बातें इसी एक लेख में हैं, जो पत्रकार को भीतर से श्रृंगरित करती हैं, उसे भीतर से बनाती हैं।

उनके संपादकीयों, आलेखों एवं स्तंभ-लेखों के विषयवस्तु एवं विवेचना के प्रकारों का वर्णन भी यहाँ किया जा सकता है। इनमें उनकी चिंतन शैली विद्वत्ता एवं अध्ययन क्षमता तो परिलक्षित हैं ही, पत्रकारीय दायित्व-बोध एवं शालीनता भी उनकी रेखांकनीय विशेषता हैं। सामाजिक सरोकारों से पथभ्रष्ट पत्रकारिता बहुत खतरनाक हो सकती है। आज प्रोफेशनलिज्म के नाम पर पत्रकारों द्वारा पत्रकारिता के साथ जो व्यवहार हो रहा है, वह चिंता उत्पन्न करनेवाला है। ऐसे समय में दीनदयालजी द्वारा पत्रकारिता के संदर्भ में किया गया मार्गदर्शन एक समुचित पाथेय है, क्या हम इस पाथेय को ग्रहण कर सकेंगे? यही हमारे आज का यक्ष प्रश्न है।

(1973 में प्राध्यापक की नौकरी छोड़कर राष्ट्रीय स्वयंसेवक संघ के प्रचारक बने डॉ. महेश चन्द्र शर्मा 1996 से 2002 तक राजस्थान से राज्यसभा सदस्य एवं सदन में भाजपा के मुख्य सचेतक रहे। 2006 से 2008 तक भाजपा राजस्थान के अध्यक्ष रहे। 1999 से एकात्म मानवदर्शन अनुसंधान एवं विकास प्रतिष्ठान के अध्यक्ष है। पंद्रह खंडों में हिंदी व अंग्रेजी में प्रकाशित 'पं. दीनदयाल उपाध्याय संपूर्ण वाङ्मय' के संपादक है।)

उनके लिए पत्रकारिता मिशन थी

- देवेंद्र स्वरूप

दीनदयालजी का पत्रकार रूप क्या था? कभी किसी पत्र के संपादक की जगह उनका नाम नहीं छपा, कभी किसी कार्यालय में उनके लिए कुर्सी नहीं लगी, पत्रकारिता के किसी विद्यालय से उन्होंने कभी कोई डिप्लोमा या डिग्री नहीं ली। किसी पत्र के प्रतिनिधि के रूप में उन्होंने कभी सरकारी मान्यता नहीं पाई। कभी किसी समाचार-पत्र से लेखन का कोई पारिश्रमिक नहीं ग्रहण किया। किंतु, फिर भी पत्रकारों का एक समूह उन्हें अपने प्रेरणा-पुरुष, मार्गदर्शक,गुरु के रूप में देखता है।

श्रावणी पूर्णिमा, संवत् 2004 (जुलाई 1947) में लखनऊ से 'राष्ट्रधर्म मासिक का प्रथम अंक सामने आया, तब सभी ने उसे दीनदयालजी के पत्र के रूप में देखा। छह महीने के बाद 14 जनवरी, 1948 को मकर संक्रांति के पर्व पर जब 'पाञ्चजन्य' साप्ताहिक का जन्म हुआ, तब उसकी पीठ पर भी सबने दीनदयालजी को ही खड़ा देखा, जबकि 'राष्ट्रधर्म' के संपादक थे अटल बिहारी वाजपेयी और राजीव लोचन अग्निहोत्री तथा 'पाञ्चजन्य' के संपादक थे अटल

बिहारी वाजपेयी। दोनों ही दीनदयालजी को अपना गुरु मानते थे।यानी दीनदयालजी संपादकों के संपादक थे।

दीनदयालजी का अपना रिश्ता भी पत्रकारिता से कुछ इसी तरह जुड़ा था। वे राष्ट्रीय स्वयंसेवक संघ के प्रचारक थे और उन दिनों उत्तर प्रदेश के सहप्रांत प्रचारक का दायित्व संभाल रहे थे। संघ ने उनके सचेतन मानस की राष्ट्रभक्ति को निष्ठा में परिणत किया था, राष्ट्र के सर्वांगीण विकास का सपना दिया था और 'पुरानी नींव, नया निर्माण' की गतिमान दृष्टि प्रदान की थी। बौद्धिक क्षमता और मौलिक दृष्टि दीनदयाल का अपना वैशिष्ट्य था। स्वयंस्फुर्त ज्ञान पिपासा बौद्धिकता का पहला लक्षण है। सहप्रांत प्रचारक के नाते उन्हें प्रांत का दौरा करना पड़ता था। दौरा करते हुए भी वे अध्ययन के द्वारा ज्ञानवर्धन में लगे रहते थे। दीनदयालजी जहाँ भी जाते उनके झोले में दो-चार पुस्तकें अवश्य रहतीं। बौद्धिकता का दूसरा लक्षण है, अर्जित ज्ञान को आत्मसात् करते हुए उसकी मौलिक व्याख्या और परिवर्तन।

अपनी बौद्धिक अभिरुचि के कारण उन्हें 'राष्ट्रधर्म' और 'पाञ्चजन्य' बहुत प्रिय थे, अपने लगते थे। वे छपें और सब जगह पहुँच जाएँ, इसकी उनको चिंता रहती थी। वह आर्थिक अभावों का युग था, साधन बहुत सीमित थे, इसलिए आवश्यकतानुसार दीनदयालजी लिखने से लेकर कंपोजिंग और मशीन चलाने तक में जुट जाते थे। उनके लिए पत्रकारिता व्यवसाय नहीं, मिशन थी। विचारधारा संप्रेषण और प्रसार का माध्यम थी। पद या प्रतिष्ठा का उनके लिए कोई महत्त्व नहीं था।

उनकी पत्रकारिता के वास्तविक स्वरूप का प्रत्यक्ष अनुभव मुझे सन् 1951 के अंत में लखनऊ आने पर हुआ। तब

भारतीय जनसंघ नया-नया बना था। दीनदयालजी को उत्तर प्रदेश इकाई का महामंत्री का दायित्व मिला था। मुझे प्रयाग से जनसंघ के प्रांतीय कार्यालय में प्रचार का काम सँभालने के लिए भेज दिया गया। दीनदयालजी महामंत्री के नाते दौरा करके लखनऊ वापस आते तो थोड़ी देर अमीनाबाद में जनसंघ कार्यालय में रहकर सदर बाजार में राष्ट्रधर्म प्रकाशन में पहुँच जाते। उन दिनों 'राष्ट्रधर्म' मासिक, 'पाञ्चजन्य' साप्ताहिक के साथ 'स्वदेश' दैनिक भी निकल रहा था। दीनदयालजी के वहाँ आते ही संपादक मंडल इकट्ठा हो जाता। चाय के प्याले पर दौरे के अनुभव सुनाते, चुटकुले, हँसी-मजाक चलते। राष्ट्रीय घटनाचक्र पर चर्चा होती, तो विश्लेषण करते, भावी संभावनाओं को टटोलते हुए बहस छिड़ जाती, ज्यादा गरम होने पर दीनदयालजी मजाक में कह उठते, यार, संपादक तुम गधे हो। और वायुमंडल अट्टहास से गूंज उठता।

दीनदयालजी के शब्दों में भर्त्सना पारिवारिक आत्मीयता होती थी। पूरा वार्तालाप अनौपचारिक और सहज होता था। दीनदयालजी की सरलता, सहजता और सादगी से तो अभिभूत थे ही, उनकी बौद्धिक गहराई, मौलिक विश्लेषण शक्ति और दृष्टि की ऊँचाई को छू पाना भी सबको कठिन लगता था। दीनदयालजी ने मुझे कहा कि कभी-कभी 'स्वदेश' में कुछ लिखने का प्रयास किया करो। चुनाव प्रचार की आवश्यकता थी कि जनसंघ के प्रदेश महामंत्री और प्रवक्ता होने के नाते दीनदयालजी के कार्यत्व को जनता के सामने लाया जाए, उनके बारे में एक परिचयात्मक लेख लिखने के लिए जब मैंने उनसे उनके बारे में कुछ जानना चाहा तो उन्होंने अपने सहज अंदाज में कहा, 'अरे, किस चक्कर में पड़ते हो, इसके बिना ही काम चल जाएगा।' पर मैंने अन्यों से थोड़ी बहुत जानकारी लेकर लेख लिख ही डाला। उन्होंने देखा तो नाराज

हुए। नियति उन्हें प्रसिद्धि के पथ पर बढ़ा रही थी और उनका मन उन्हें पीछे धकेल रहा था।

1952 ई. में जनसंघ के अखिल भारतीय महामंत्री का दायित्व सँभालने के बाद उन्होंने अनुभव किया कि राष्ट्र के सर्वांगीण विकास में अर्थव्यवस्था का विशेष स्थान है। अतः देश की आर्थिक समस्याओं का यथार्थवादी ज्ञान प्राप्त करना अत्यंत आवश्यक है। अतः उन्होंने निश्चयपूर्वक आर्थिक विषयों का अध्ययन आरंभ किया। आर्थिक आँकड़ों को समझने और स्मरण करने और लिखने में महारत हासिल की। अमूर्त जीवन मूल्यों, संस्कृति-पूजा और भावुक राष्ट्रभक्ति के लोक में विचरण करनेवाले संघ के किसी कार्यकर्ता के लिए अर्थशास्त्र के नीरस भवन में प्रवेश करना कोई सरल बात नहीं थी। किंतु दीनदयालजी ने अपने अध्यवरूप और संकल्प से यह कर दिखाया। 'राष्ट्रधर्म' मासिक के जनवरी 1948 के प्रकाशित पाँचवें अंक में 'बिंदु-बिंदु विचार' के अंतर्गत 'विभाजित भारत का प्रथम आय-व्ययक' अंश देखने से लगता है कि दीनदयालजी ने राजनीति में प्रवेश करने के पूर्व ही आर्थिक चिंतन प्रारंभ कर दिया था।

1953 ई. में उन्होंने 'भारतीय जनसंघ को अर्थनीति' शीर्षक आलेख तैयार किया। 1958. में उन्होंने 'भारतीय अर्थनीति विकास की एक दिशा' पिंक बोज पुस्तक प्रकाशित की। दो पंचवर्षीय योजनाओं के मूल्यांकन और मुद्रा के अवमूल्यन पर उके आलेख आर्थिक विषयों और आंकड़ों कर उनको गहरी पकड़ के परिचायक है।

'पराशर' के नाम से 'पांचजन्य' में 'विचारवीथी' स्तंभ में तात्कालिक आर्थिक समस्याओं पर उनको टिप्पणियाँ को अनुभव हुआ कि हिंदी के साथ-साथ अंग्रेजी में लिखना भी

उतना हो बहुत ही समृद्ध हैं। अखिल भारतीय दायित्व सँभालने के बाद दीनदयालजी आवश्यक है। हिंदी पर तो उनका असामान्य अधिकार था ही, अब उन्होंने अंग्रेजी में लिखने की क्षमता बढ़ाने का भी निश्चय किया। यद्यपि वे अंग्रेजी विषय में एम.ए. करने के लिए आगरा गए थे, पर प्रथम वर्ष पास करके वे अंतिम वर्ष की परीक्षा नहीं दे पाए थे। अब उन्होंने अंग्रेजी का शब्द भंडॉ.र बढ़ाना शुरू किया। शीघ्र ही उन्होंने अंग्रेजी भाषा में लिखना प्रारंभ कर दिया। दीनदयालजी की दृष्टि एकांगी नहीं, समग्र थी। उन्होंने राष्ट्र जीवन के प्रत्येक 'क्षेत्र का समान रूप से अध्ययन-चिंतन किया। उनकी दृष्टि उदार, समन्वयवादी और गतिमान थी। अतीत के प्रति मुद्रा का अर्थ अतीत की ओर लौटना नहीं था। उनकी राष्ट्रभक्ति विश्व के अन्य भागों में मानव द्वारा अर्जित अनुभवों व ज्ञान को अस्वीकार नहीं करती थी। 'एकात्म मानववाद' शीर्षक से प्रसिद्ध उनके पाँच भाषण उनकी इस समन्वयवादी उदार दृष्टि को प्रस्तुत करते हैं। संघ धारा के सब पत्रकारों को उन्होंने यही दृष्टि देने का प्रयास किया। सही अर्थों में दीनदयालजी संपादकों के संपादक थे, भारतीय पत्रकारिता के लिए वे आज भी प्रेरणास्रोत एवं आदर्श पुरुष हैं।

(राष्ट्रवादी पत्रकारिता के लिये समर्पित राष्ट्रीय स्वयंसेवक संघ के पूर्व प्रचारक देवेन्द्र स्वरूप पाञ्चजन्य के पूर्व सम्पादक रहे वे भारतीय इतिहास तथा संस्कृति के गहन अध्येता थे। 88 वर्ष की आयु में वे देवलोकवासी हुए।)

मिशनरी पत्रकारिता के प्रेरणा पुरुष
- दीनानाथ मिश्र

अक्सर स्वतंत्रता संग्रामकालीन पत्रकारिता की चर्चा होती है। उनमें से कुछ पत्रकारों के नाम राजनेता और स्वतंत्रता संग्राम सेनानी के नाते विख्यात हैं। लेकिन ऐसे कुछ नेताओं की एक प्रमुख भूमिका पत्रकार को भी थी। इनमें महात्मा गांधी, बालगंगाधर तिलक, मदनमोहन मालवीय जैसे एक दर्जन नाम गिने जाते हैं। पत्रकारिता इनके लिए मिशन थी, कोई पेशा नहीं।

ऐसे सब महानुभावों का परमं उद्देश्य स्वतंत्रता के लिए चेतना फैलाना था। महात्मा गांधी, मदनमोहन मालवीय जैसे पत्रकार मनीषी तो संपादक भी थे। स्वतंत्रता संग्राम के दिनों में अक्षरशः सैकड़ों ऐसे लोग किसी-न-किसी तरह पत्रकारिता से जुड़े थे। इन नेताओं का पत्रकारीय लेखन आज स्वतंत्रता संग्राम का ऐतिहासिक दस्तावेज बन गया है। सैकड़ों पुस्तकों के लिखने में इनका उपयोग संदर्भ सामग्री के रूप में किया गया है।

स्वतंत्रता मिलने के बाद पत्रकारिता का यह स्वरूप बदलने लगा, लेकिन इसके बावजूद अनेक बड़े नेताओं ने इसके मिशन का स्वरूप बचाए रखने की कोशिश की। सबके तरीके अलग-अलग हो सकते हैं, लेखनी के धनी इन नेताओं में एक बहुत बड़ा नाम पंडित दीनदयाल उपाध्याय का है। ऐसे दूसरे नाम चक्रवर्ती राजगोपालचारी, डॉ. राम मनोहर लोहिया, विनोबा भावे सरीखे रहे हैं। चक्रवर्ती राजगोपालचारी ने अपनी पत्रिका के माध्यम से नियमित से अपने प्रेरक लेखन से पत्रकारिता मिशन के सातत्य को कायम रखा।

डॉ. राममनोहर लोहिया ने अपने दलीय पत्रों के लेखन से समाजवादी सोच की एकच नीव रखी। वे बहुपठित विद्वान् व मौलिक विचारक थे। उन्होंने समाजवाद की अपनी मौलिक व्याख्या की। उन्होंने भारतीय स्थितियों के लिए चिंतन के अनगिनत सूत्र दिए। कई सूत्रों को तो विस्तार भी दिया।

पंडित दीनदयाल उपाध्याय संघ परिवार के मूर्धन्य विचारकों में थे। उन्होंने साहित्य रचना और पत्रकारिता के महत्त्व को समझा और समझाया। साथ ही स्वयं अपना उदाहरण प्रस्तुत किया। ' राष्ट्रधर्म' और 'पाञ्चजन्य' जैसे प्रकाशनों के पीछे उनकी ही योजन थी। 'राष्ट्रधर्म' प्रकाशन के तो वे संस्थापकों में से थे। 'दैनिक स्वदेश' के प्रकाशन के पीछे भी उनको महत्त्वपूर्ण भूमिका थी। वर्षों तक वे 'ऑर्गेनाइजर' और' पाञ्चजन्य' में स्तंभ भी लिखते थे। उनके स्तंभों को संकलित करके पुस्तकाकार रूप में प्रकाशन भी हुआ है। ऐसी पुस्तकों में पहली और दूसरी पंचवर्षीय योजनाओं पर लिखे गए लेखों का संकलन किया गया है।

आज अर्थ और वित्त से संबंधित अनेक दैनिक और मासिक पत्र निकलते हैं। आर्थिक विषयों के सैकड़ों पत्रकार पिछले दस

वर्षों से उभरे हैं, मगर ज्यादातर लोगों के लिए पत्रकारिता एक लाभकारी पेशा है। दीनदयालजी ने कई महीनों तक आर्थिक विषयों का अध्ययन कलकत्ता के एक पुस्तकालय में जाकर किया और निरंतर आर्थिक पुस्तकें पढ़ते रहे। पाश्चात्य अर्थशास्त्रियों की, और भारत के प्राचीन व अर्वाचीन अर्थशास्त्रियों की भी। जनसंघ के नेता के रूप में देश के विभिन्न पदेशों की जमीनी आर्थिक सच्चाइयों को भी उन्होंने गहराई से देखा और समझा। देश की आर्थिक स्थिति पर उनका अध्ययन जमीनी वास्तविकताओं पर आधारित था केवल पुस्तकीय पांडित्य पर नहीं। इसीलिए वह देश की मौलिक, आर्थिक समस्याओं और स्थितियों को गहराई से पकड सके। प्रारंभिक दो पंचवर्षीय योजनाओं के बारे में उन्होंने जो स्तंभ लिखे, वही संगठन का आर्थिक दर्शन बन गए।

उनके उनके चिंतन ने पार्टी के लिए दूरगामी असर छोड़ा। पंडित दीनदयाल उपाध्याय ने केवल अर्थव्यवस्था ही नहीं, राजनैतिक व्यवस्था और राष्ट्रजीवन के दार्शनिक अधिष्ठान से संबंधित लेखन भी किया। उनके दर्जनों स्तंभ, लेख राजनैतिक व्यवस्था पर भी प्रकाश डॉ.लते हैं।

प्रधानमंत्री अटल बिहारी वाजपेयी और उपप्रधानमंत्री लालकृष्ण आडवाणी के पत्रकारीय जीवन के पीछे भी किसी-न-किसी तरह दीनदयालजी की प्रेरणा ही थी। अटलजी तो अरसे तक दीनदयालजी के साथ ही अपनी विविध पत्रकारीय भूमिका निभाते रहे। जब लालकृष्ण आडवाणी' ऑर्गेनाइजर' के साथ पत्रकार के रूप में जुड़े तब उन्होंने दीनदयालजी पर नियमित रूप से लिखने का आग्रह बढ़ा दिया, विशेष रूप से तब, जब उनके पास संपादन की जिम्मेदारी आई।

दीनदयालजी अक्सर दौरे पर रहते थे।

आडवाणीजी ने उनसे आग्रह किया कि दौरे के समय अपनी व्यक्तिगत घटनाओं और अनुभवों को अपने स्तंभ में स्थान दें। दीनदयालजी ने एक-दो बार ऐसा किया भी, परंतु अपने स्तंभ में अपनी चर्चा ही करें, यह उन्हें अच्छा नहीं लगा, सो इसे बंद कर दिया। बाद में लेखों में वे स्वयं से संबंधित घटनाओं का उल्लेख हरगिज नहीं करते थे।

दीनदयालजी, अटलजी और आडवाणीजी की पत्रकारीय प्रेरणा से देश भर में सैकड़ों लोगों ने पत्रकारिता को मिशन बना लिया। उस दौर में मिशनरी पत्रकारिता के प्रतीक के रूप में केवल रत्न मलकानी, बालेश्वर अग्रवाल, एन. बी. लेले, यादवराव देशमुख, देवेंद्र स्वरूप अग्रवाल, नंदकिशोर त्रिखा सरीखे वरिष्ठ पत्रकारों को गिना जा सकता है।

आज तो पत्रकारिता का पूरी तरह व्यावसायीकरण हो गया है। मालिक केवल लाभ और राजनैतिक शक्ति अर्जित करने के लिए अखबार निकालते हैं। पत्रकार की मूल प्रेरणा भी अर्थोपार्जन और यश अर्जित करना ही रह गई है। मालिकों और पत्रकारों की यह प्रेरणा गैरवाजिब हो, यह तो नहीं कहा जा सकता। अलबत्ता राष्ट्रीय और सामाजिक प्रतिबद्धता के साथ कोई समझौता नहीं होना चाहिए, न मालिक की तरफ से, न पत्रकारों की तरफ से। ज्यादातर पत्रकार इस कसौटी पर खरे उत्तरते हैं।

आज के व्यावसायिक माहौल में भी ऐसे सैकड़ों पत्रकार हैं, जो पत्रकारिता को मिशन बनाकर चल रहे हैं। वे अलग-अलग विचारधारा के हो सकते हैं, लेकिन राष्ट्रीय और सामाजिक प्रतिबद्धता उन्हें एक पंगत में लाकर खड़ा कर देती है। सन्

1947 के पहले स्वतंत्रता संग्राम की मूल प्रेरणा एक ही थी-देश को स्वतंत्र कराना। अनेक नेताओं ने स्वतंत्रता की चेतना को जाग्रत् करने के लिए पत्रकारिता का सहारा लिया और पत्रकारिता मिशन के रूप में उभरी। सन् 1947 के बाद अगले दौर में इस मिशनरी पत्रकारिता के प्रेरणा-पुरुषों में दीदनदयालजी अग्रपंक्ति में थे।

देश में परम राष्ट्रीय उददेश्य को लेकर भारी भ्रम एक दौर समाजवाद का था। समाजवाद के स्वरूप के बारे में भारी मतभेद। अगले दौर में करीब एक दशक तक समाजवाद का रूप नकारात्मक गरीबी हटाओ बन गया। कुछ लोगों ने सेकुलरवाद को परम राष्ट्रीय उद्देश्य बनाने की कोशिश की, लेकिन दीनदयालजी की दृष्टि साफ थी। उनका राष्ट्रीय उद्देश्य देश को हर तरह से परम वैभव पर ले जाना था, अर्थात् भारत को अजेय शक्ति बनाना, भारत को दरिद्रता मुक्त करके संपन्न राष्ट्र बनाना, भारत को फिर से विश्वगुरु के रूप में स्थापित करना।

आज तो संघ परिवार के नेतागण 'विकसित भारत' का मंत्रोच्चार करते है। उसका भी यही अर्थ है। भारत को परमाणु शक्ति बना देने के पोछे भी यही प्रेरणा थी। स्वर्णिम चतुर्भुज से लेकर हर गाँव तक सड़क पहुँचाने के पीछे भी यही दृष्टि है। परम वैभव का सपना जिनकी परम प्रेरणा है।

आज भी ऐसे सैकड़ों हस्ताक्षर मीडिया में देखे जा सकते हैं, इनमें कहीं डॉक्टर महेश चंद्र शर्मा दिख जाएँगे, कहीं भानु प्रताप शुक्ल, कहीं राम बहादुर राय, प्रबाल मैत्र, राजनाथ सिंह' सूर्य' जैसे कलमकार दिखेंगे। मिशनरी पत्रकारिता के मोर्चे पर तरुण विजय, बलबीर पुंज, शेषाद्रिचारी जैसे वैचारिक सूरमा संघर्षरत दिखेंगे। उदाहरण के तौर पर नामोल्लेख भर

है। स्वतंत्र भारत में मिशनरी पत्रकारिता के अग्रणी पुरुष दीनदयालजी ने जो लीक डॉ.ली थी, उसी पर आगे बढ़ते हुए अक्षरशः हजारों पत्रकार भारत के अगले दौर की यात्रा का पथ निर्माण कर रहे हैं।

(दीनानाथ मिश्रा राष्ट्रवादी आंदोलन से जुड़े एक प्रखर पत्रकार और लेखक थे। उन्होंने राष्ट्रवादी दृष्टिकोण से राष्ट्रीय स्वयंसेवक संघ पर एक महत्वपूर्ण कृति 'आरएसएस: मिथक और वास्तविकता' लिखी। वे राज्यसभा सांसद भी रहे।)

ऋषि-परंपरा के पत्रकार मनीषी

- लल्लन प्रसाद व्यास

स्वातंत्र्योत्तर भारतीय राजनीति में पंडित दीनदयाल उपाध्याय की भूमिका पर जब विचार करता हूँ तो मुझे अपने देश की परंपरागत राजनीति में राम का स्मरण होता है। आज देश और समाज में, विशेष रूप से राजनीति में, चतुर्दिक फैलती हुई रावणी वृत्ति को देखकर राम और भी अधिक याद आते हैं। और उसके साथ याद आती है दीनदयालजी जैसी कुछ गिनी-चुनी विभूतियों की, जिन्होंने आजादी के बाद आदर्श भारतीय समाज की संरचना में अपनी अनन्य भूमिका अदा की थी। उन्होंने जो एकात्म मानववाद का आधारभूत भारतीय चिंतन प्रस्तुत किया, वह सदैव के लिए उनकी प्रासंगिकता बनाए रखने में समर्थ है।

दीनदयालजी ने 'पाञ्चजन्य', 'राष्ट्रधर्म' आदि के माध्यम से हिंदी पत्रकारिता की जो सेवा की और सादगी, सेवा और त्याग का जो आदर्श प्रस्तुत किया वह सदैव श्रद्धा और सम्मान से स्मरण किया जाता रहेगा। मैंने लेखक के नाते तो उन्हें निकट से देखा, किंतु पत्रकार के रूप में देख पाता, ऐसा सौभाग्य नहीं किया। उनके पत्रकार जीवन से

जुड़े उक्त मानवीय गुणों की चर्चा तो मैंने खूब सुनी और पढ़ी, जिसका प्रभाव प्रत्यक्ष या परोक्ष रूप से मेरे पत्रकार जीवन पर भी कुछ न-कुछ अवश्य पड़ा, क्योंकि मेरे लिए भी पत्रकारिता कभी कोई पेश नहीं रही, बल्कि समाज-सेवा के साथ आत्मकल्याण ही मुख्य साधना रही।

मैं समझता हूँ कि उन्होंने अपने परंपरागत जीवन में पत्रकारिता के जो आदर्श मापदंड उपस्थित किए, उसी ने उनकी अंतर्निहित प्रतिभा और चेतना को ऊर्ध्वगामी बनाया, इस समय तक कि वे समकालीन भारतीय जीवन की प्रमुख भारतीयतावादी संस्था 'भारतीय जनसंघ' के अध्यक्ष बने। उनका मूल स्वभाव अध्यात्म प्रेरित सांस्कृतिक मूल्यों से जुड़ा था, किंतु जब वे व्यापक आग्रह-अनुरोध से भारतीय राजनीति में आए तो वहाँ भी थोड़े ही समय में नित नई ऊँचाइयों को प्राप्त किया और भारतीय राजनीति में एक आदर्श राजपुरुष की महत्ता अर्जित की।

उनका राजनैतिक चिंतन या राजनैतिक रणनीति पूरी तरह आदर्शवाद से जुड़ी थी, जिसकी झलक उनके अनेक कार्यों में मिलती थी। एक उदाहरण मुझे अवशेष रूप से स्मरण है। उस समय श्रीमती इंदिरा गांधी के नेतृत्व में कांग्रेस सरकार थी। डॉ. राम मनोहर लोहिया जैसे दो-चार सुयोग्य मुख्य विरोधी नेताओं के संसद् में पहुँच जाने पर कुछ ऐसी रणनीति की सोच चल रही थी कि इंदिरा सरकार को सत्ता से हटाने के लिए विरोधी दलों में आपसी एकता और तालमेल किया जाए। यह वह समय था जब इंदिरा गांधी और उनकी सरकार की कुछ गलत रीति-नीति के कारण वे संसद् में सशक्त विरोध का सामना पूरी तरह से नहीं कर पा रही थीं। इससे कांग्रेस में हताशा और विरोधी पक्ष में उत्साह बढ़ रहा था।

तभी अचानक मुझे एक दिन दीनदयालजी से मिलने का सुअवसर मिला। मैंने उनसे इंदिरा सरकार को हटाने की संभावना के बारे में जानना चाहा। एक सच्चे आदर्शवादी राजनेता के रूप में उनका यह कहना था कि यदि हम सब मिलकर विशेष प्रयास करें तो इंदिरा गांधी सरकार को हटाने में सफल तो हो सकते हैं, किंतु उसके बाद अनेक विरोधी दलों के पारस्परिक मतभेदों के कारण हमारी कोई टिकाऊ केंद्रीय सरकार देने की स्थिति नहीं होगी। तब देश की स्थिति और भी अधिक बिगड़ जाएगी। इस समय देशहित इसी में है कि फिलहाल ऐसा कोई प्रयास न किया जाए। उनकी इस बात से उनके आदर्शवादी राजनेता स्वरूप के प्रति मेरे मन में और भी अधिक सम्मान बढ़ गया।

राष्ट्रभाषा के मूकसेवक

घटना सितंबर, 1963 की है जब संसद ने राजभाषा विधेयक पारित करके अंग्रेजी को अनिश्चितकाल तक सह-राजभाषा बना दिया गया था। व्यवहार में इसका अर्थ था, राजभाषा पद पर अंग्रेजी का वर्चस्व। मेरे युवा मन पर बहुत दुःखद प्रभाव पड़ा। मैंने सोचा कि देश के इतिहास में इतना बड़ा देश-विरोधी षड्यंत्र बिना विरोध के रह जाए, यह उचित नहीं। अतएव मैंने अपनी पत्रिका 'ज्ञान भारती' के माध्यम से बहुत सीमित साधनों में एक विशाल राष्ट्रभाषी सम्मेलन लखनऊ में आयोजित किया। तारीखें थीं 14 और 15 सितंबर, 1963। सेठ गोविंददासजी को उद्घाटन के लिए बुलाया गया। उनके अतिरिक्त मेरे गुरुदेव स्वामी नारदानंद सरस्वती, संपादकाचार्य अंबिका प्रसाद वाजपेयी, सरस्वती संपादक पं. श्रीनारायण चतुर्वेदी, हिंदी के पाणिनि आचार्य किशोरी दास वाजपेयी, पं. सोहन लाल द्विवेदी, पं. पद्मकांत मालवीय,

डॉ. दीनदयाल गुप्त, उपन्यासकार यशपाल, नाटककार पं. लक्ष्मीनारायण मिश्र, भगवती चरण वर्मा, अमृतलाल नागर जैसे हिंदी साहित्य के दिग्गज मौजूद थे। पं. सोहनलाल द्विवेदी का उद्गार था कि महात्मा गांधी और महामना मालवीयजों के समय में हिंदी साहित्य सम्मेलन के जैसे अधिवेशन होते थे, वैसा ही यह राष्ट्रभाषा सम्मेलन था। मैंने पंडित दीनदयाल उपाध्याय से मिलकर उन्हें सम्मेलन में आमंत्रित किया और वे दूसरे दिन आ गए। पूरे समय तक कार्यक्रम में रहे। जब मैंने उनसे अपने विचार व्यक्त करने का अनुरोध किया तो उन्होंने कहा, 'आज मैं केवल विद्वानों को सुनने आया हूँ।' जिनको सुनने के लिए विद्वान् भी उत्सुक थे, वे पूरे आयोजन में श्रोता के रूप में ही बने रहे। ऐसी विनम्रता और महत्त्वाकांक्षाहीनता विरले ही विद्वानों को प्राप्त होती है।

इसके पूर्व अक्तूबर 1962 के चीन आक्रमण के बाद हमने 1963 के गणराज्य दिवस के अवसर पर 'ज्ञान भारती' का देशरक्षक अंक निकाला था, जिसमें शायद पहली बार समाज के सभी महत्त्वपूर्ण वर्गों के शिखर पुरुषों के देशभक्तिपूर्ण लेख प्रकाशित हुए थे। पं. दीनदयालजी और भाउरावजी देवरस ने इस अंक के लिए अपने लेख भेजकर मुझे कृतार्थ किया।

आत्मीयता के स्रोत

उनकी विद्वता और व्यक्तित्व में छिपी विराटता के गर्भ में उनका सबसे बड़ा मानवीय गुण था असीम आत्मीयता। इसकी परिचायक एक घटना प्रायः चित्रपट की तरह मेरी आँखों के सामने नाचने लगती है। उत्तर प्रदेश में पहली गैर-कांग्रेसी संविद (संयुक्त विधायक दल) सरकार में मेरे बचपन

के एक मित्र बहराइच के श्री कृष्ण बहादुर मिश्र उपमंत्री बनाए गए थे। उन्होंने अचानक निर्णय किया कि बद्रीनाथजी की यात्रा की जाए और मुझसे आग्रह किया कि में साथ चलूँ। मेरी माताजी ने कहा कि मैं अवश्य जाउं और उनको भी साथ ले चलूँ।

जब हम जीप में बद्रीनाथजी की ओर बढ़ रहे थे तो अचानक देखा सामने से पंडित दीनदयाल उपाध्याय और नानाजी देशमुख एक जीप में आ रहे हैं। दोनों ओर की जीपें रुकीं। हम सभी जीपों से उतरकर एक-दूसरे का अभिवादन करने लगे। मैंने देखा कि संविद सरकार बनानेवालों में एक प्रमुख नानाजी देशमुख मेरे साथ उपमंत्रीजी से बात करने लगे। पंडित दीनदयालजी बड़ी गर्मजोशी से मेरी ओर बढ़े और कहा, 'व्यासजी, कितने आनंद की बात है कि मैं आपका स्मरण ही कर रहा था और आप अप्रत्याशित रूप से मिल गए।' मुझे उनकी यह आत्मीयता अत्यंत हृदयस्पर्शी लगी।

मैंने अत्यंत विनम्रतापूर्वक कहा कि 'दीनदयालजी, यह तो मेरा बड़ा सौभाग्य है कि आप जैसी विभूति ने ऐसे पवित्र स्थान पर भी मेरा स्मरण किया। अब आज्ञा कीजिए।' उनका उत्तर था, 'लल्लनजी, एक विश्वविद्यालय में (संभवतः कुरुक्षेत्र में) दक्षिण-पूर्व एशिया की संस्कृति पर एक विभाग खोलने या पीठ की स्थापना करने का प्रस्ताव मेरे पास आया तो मैंने कहा कि इस कार्य के लिए लल्लनजी उपयुक्त हैं।' उन दिनों मैं दक्षिण-पूर्व एशियाई देशों की बराबर सामाजिक-सांस्कृतिक धरोहर हैं, उसकी चर्चा भी व्यापक रूप से पत्र-पत्रिकाओं और आकाशवाणी पर करता था, जिससे मेरी व्यक्तिगत छवि दक्षिण-पूर्व एशिया की संस्कृति से जुड़ गई थी।

संयोगवश जब हम बद्रीनाथजी के दर्शन करके वापस रुद्रप्रयाग आकर लौट रहे थे तो वहाँ रात्रि का निवास आवश्यक हो गया था। तभी पता चला कि यहाँ एक गेस्ट हाउस में पंडित दीनदयालजी ठहरे हैं। वे केदारनाथजी के दर्शन करके वापस लौटे थे। तभी अचानक वे मुझसे पूछ बैठे, 'आप केदारनाथजी के दर्शन करने नहीं जा रहे हैं?' मैंने उत्तर दिया कि इस यात्रा में किन्हीं कारणों से ऐसा संभव नहीं हो पा रहा। तभी उन्होंने अपनी सहज मुसकान बिखेरते हुए कहा, 'आप तो विद्वान् लेखक हैं, आप जैसे व्यक्ति को तो केदारनाथजी के दर्शन अवश्य करने चाहिए।'

कैसी विडंबना है कि आज साढ़े तीन दशक बीत जाने के बाद भी मैं किसी-न-किसी कारणवश केदारनाथजी के दर्शनार्थ नहीं पहुँच सका। जब इस अभाव की ओर ध्यान जाता है, तब उससे जुड़ा दीनदयालजी का प्रसंग भी याद आता है। उसके साथ याद आती है उनकी विशिष्ट आत्मीयता और उनका विराट् सांस्कृतिक व्यक्तित्व। वास्तव में दीनदयालजी एक ऋषि-मनीषी थे। उन्होंने अपने त्यागमय तपस्वी जीवन से भारत की ऋषि-परंपरा को आधुनिक युग में भी आगे बढ़ाया।

(लल्लन प्रसाद व्यास उच्चकोटि के चिन्तक और लेखक होने के साथ ही पत्रकारिता के क्षेत्र में भी असाधारण थे। दैनिक 'स्वतन्त्र भारत' के सह-सम्पादक के रूप में पत्रकारिता प्रारम्भ करके 'तरुण भारत' की स्थापना एवं सम्पादन से लेकर 'ज्ञान भारती', 'प्राची-दर्शन', 'आलोक भारती' और हिन्दी प्रथम विश्व पत्रिका 'विश्व हिन्दी दर्शन' के सम्पादन तक लगभग 5 दशक की पत्रकारिता-जगत की यात्रा में अनेक कीर्तिमानों की स्थापना की।)

आदर्शवादी पत्रकारिता के साधक और मार्गदर्शक

- यादवराव देशमुख

यूँ तो इस पृथ्वीतल पर परमेश्वर जिन व्यक्तियों का सृजन करता है, उनमें से प्रत्येक को कोई-न-कोई विशिष्ट गुण अवश्य देता है। कुछ ऐसे विभूति संपन्न व्यक्ति भी जन्म लेते हैं जिनकी प्रतिभा बहुआयामी होती है, यदि उन्हें विकसित होने का अवसर मिले तो वे 'महान्' होने का गौरव प्राप्त करते हैं।

पंडित दीनदयाल उपाध्याय ऐसे ही बहुआयामी व्यक्तित्व के धनी थे। अति सामान्य दिखनेवाले इस महापुरुष में समाज-चिंतक, अर्थ-चिंतक, शिक्षाविद्, राजनीतिज्ञ, लेखक, पत्रकार, वक्ता, संगठनशास्त्री आदि कितनी ही प्रतिभाएँ समाहित थीं। अवसर मिलते ही ये सब अंकुरित होती थीं। यह बात अलग है कि मुख्यतः उनको संगठन कौशल्य, गंभीर चिंतन और कुशल राजनीतिज्ञ का व्यक्तित्व ही अधिक उजागर हो सका। इस छोटे से आलेख में हम यहाँ दीनदयालजी के पत्रकार-व्यक्तित्व का विवेचन करेंगे।

सर्वप्रथम यह बात ध्यान में रखनी होगी कि दीनदयालजी मुख्यतः उस युग का प्रतिनिधित्व करते थे, जिसमें पत्रकारिता एक आदर्श थी, व्यवसाय नहीं। स्वातंत्र्य संघर्ष में अनेक स्वनामधन्य नेताओं ने पत्रकारिता के प्रभावों का उपयोग स्वातंत्र्य प्राप्ति और राष्ट्र-जागरण के लिए किया। विशेषकर हिंदी एवं अन्य भारतीय भाषाई पत्रकारों में खोजने पर भी ऐसा संपादक शायद ही मिले, जिसने अर्थोपार्जन हेतु पत्रकारिता का अवलंबन किया हो। स्वाभाविक ही पंडित दीनदयाल उपाध्याय में भी एक मिशनरी पत्रकार का ही दर्शन होता है, व्यावसायिक पत्रकार का नहीं।

राष्ट्रधर्म प्रकाशन में

पहली बार दीनदयालजी का पत्रकार व्यक्तित्व सन् 1946 में लखनऊ से 'राष्ट्रधर्म' मासिक के प्रकाशन के साथ उभरकर सामने आया। उत्कृष्ट राष्ट्रवादी विचारों के प्रसार हेतु प्रकाशित इस मासिक में यद्यपि उन्होंने संपादक के रूप में अपना नाम नहीं छपने दिया, पर उसका कोई अंक ऐसा नहीं है, जिसमें उनके विचारोत्तेजक लेख के साथ ही उनकी पत्रकारिता की छाप न हो। वे उसी सामग्री का प्रकाशनार्थ चयन करते थे जो नकारात्मक न होकर सकारात्मक होती थी। जनहित विरोधी विचारों या आंदोलनों की आलोचना से उन्हें परहेज नहीं था, बशर्ते उसकी भाषा संतुलित हो और आलोचना स्वस्थ। वहीं से बाद में 'पाञ्चजन्य' साप्ताहिक एवं 'स्वदेश' दैनिक का भी प्रकाशन प्रारंभ हुआ, जिसमें पूर्व प्रधानमंत्री श्री अटल बिहारी वाजपेयी संपादक के पद पर प्रतिष्ठित हुए।

कुछ ही समय बाद दीनदयालजी को राजनीति एक क्षेत्र में कार्य करने का दायित्व सौंपा गया। वहाँ तो उनकी पत्रकारों

से प्रायः भेंट होती थी और वक्तव्य प्रसारित करने पड़ते थे। 'ऑर्गेनाइजर' साप्ताहिक में उनका 'पॉलिटिकल डायरी'' नामक एक नियमित स्तंभ प्रकाशित होता था। उन्हें पढ़ने पर यह बात उभरकर सामने आती है कि नेहरू युग की अनेक नीतियों की प्रखर आलोचना करते हुए भी उनमें असंयमित भाषा का कहीं भी प्रयोग नहीं है।

सन् 1959 में मुझे 'पाञ्चजन्य' के संपादक का दायित्व सौंपा गया। मैंने तिब्बत व चीन के संबंध में नेहरू सरकार की नीतियों से क्षुब्ध होकर पहले अंक में ही संपादकीय लिखा और उसका शीर्षक दिया 'गजस्तत्र न हन्यते'। उसे पढ़ने के बाद दीनदयालजी ने सहज भाव से कहा, "भाई, तुम्हारा अग्रलेख बहुत अच्छा रहा। लेकिन उसका शीर्षक तुमने शायद बहुत सोचकर नहीं लिखा। पंडित नेहरू से हमारा वैचारिक मतभेद होना स्वाभाविक है, पर यह भी याद रखना चाहिए कि वे हमारे देश के प्रधानमंत्री हैं। उनकी आलोचना करते समय हल्के शब्दों का प्रयोग करना तो उचित नहीं होगा।" कितना सार्थक और स्पष्ट दिशा-निर्देश था उनका।

समाचारों को तोड़ें-मरोड़ें नहीं

उनके द्वारा दिए गए एक वक्तव्य का अंग्र के एक प्रमुख दैनिक ने संदर्भ रहित रूप में प्रकाशित करते हुए उसका मखौल उड़ाने का प्रयास किया। उसके बाद जब संबंधित पत्रकार से उनकी भेंट हुई तो उन्होंने अपने स्वभावानुसार आत्मीयतापूर्ण शब्दों में कहा, "भाई, मैं यह तो नहीं मान सकता कि अपने उस वक्तव्य का संदर्भ काटकर समाचार भेजा होगा। पर अपने समाचार संपादक से इतना आग्रह जरूर करना चाहिए कि किसी समाचार को संदर्भ रहित रूप में तोड़-मरोड़कर छापकर पाठकों को भ्रमित करना कहाँ

तक ठीक है? बात को अपने पाठकों के सामने सही रूप में प्रकाशित करना और यदि उससे असहमति हो तो उसे भी अलग से स्पष्ट रूप में प्रकाशित करना पत्रकार का दायित्व है।"

निष्ठा-किसके प्रति?

प्रबुद्ध पत्रकार का समस्याओं के प्रति अपना दृष्टिकोण होता है। वह स्वयं भी किसी विचारधारा से अनुप्राणित रहता है। कई बार वह किसी संस्था या दल का अनुयायी भी होता है। स्वाभाविक ही प्रश्न उठता है कि पत्रकार के रूप में वह किसके प्रति निष्ठावान हो? अपनी विचारधारा के प्रति? अपने से संबंधित किसी दल के प्रति? या देश और जनता के व्यापक हितों के प्रति?

ऐसी ही एक समस्या के प्रति उनका स्पष्ट दिशा-निर्देश मिला 'पाञ्चजन्य' के मेरे एक अग्रलेख के प्रकाशन पर। बात संभवतः सन् 1961 की है। उस समय चीनी आक्रमण के बादल देश पर मँडराने लगे थे। ऐसे समय अनेक राजनीतिक दलों एवं मजदूर संगठनों ने रेल कर्मचारियों की कतिपय माँगों के समर्थन में देशव्यापी रेल हडताल का आह्वान किया था।

सन् 1962 के चुनावों को नजदीक देखकर 'भारतीय जनसंघ' ने भी उसका समर्थन किया। उसके प्रमुख नेताओं को स्वाभाविक अपेक्षा थी कि 'पाञ्चजन्य' भी हड़ताल का समर्थन करेगा। पर मैंने अपने संपादकीय सहयोगियों से विचार-विमर्श कर हड़ताल को देशहित विरोधी करार दिया। सत्तारूढ़ कांग्रेस के 'नवजीवन' दैनिक ने उसे जनसंघ पर प्रहार करने का अच्छा माध्यम बना लिया था। इससे जनसंघ के साथियों

का नाराज होना स्वाभाविक ही था। उन्होंने दीनदयालजी से, जो उस समय जनसंघ के महामंत्री थे, इतनी शिकायत की कि "क्या जनसंघ की नीतियों-कार्यक्रमों का 'पाञ्चजन्य' में विरोध उचित है?" सायंकाल अपने निवास पर मुझे बुलाया और जनसंघ के उन कार्यकर्ताओं को भी। उनकी नाराजगी का कारण बताया। फिर स्वयं ही प्रश्न किया, "जो काम पार्टी के हित में हो, पर देश या समाज के लिए अहितकर या अनुचित न लगे, तो पाठकों का मार्गदर्शन करनेवाले समाचार पत्र को क्या करना चाहिए?" प्रश्न में ही उसका उत्तर भी निहित था। फिर बोले, "भाई, पार्टी की अपनी कुछ विवशताएँ हड़ताल का समर्थन करने की हो सकती हैं। पर 'पाञ्चजन्य' की तो ऐसी कोई विवशता नहीं होनी चाहिए। मुझे लगता है, आप लोगों ने अपनी-अपनी जगह ठीक ही निर्णय लिया है।" बात यहीं पर साफ हो गई। पार्टियाँ देश या समाज से बड़ी नहीं हो सकीं। देशहित ही सर्वोपरि होना चाहिए। पत्रकार की निष्ठा भी देश के प्रति ही अपेक्षित है।

अंग्रेजी पत्रों का रुख भारतीय विरोधी क्यों

उनके साथ बातचीत के दौरान अनेक बार समाचार-पत्र और पत्रकारों से संबंधित विषय उभरते थे। एक बार मैंने उनसे पूछा कि "सामान्यतः इस देश के अंग्रेजी समाचार-पत्र भारतीयता के प्रश्न पर विरोधी रुख क्यों अपनाते हैं, जबकि हिंदी और भाषायी पत्रों का रुख सदैव सकारात्मक रहता है?"

उनका उत्तर था, "अंग्रेजी के प्रायः सभी बड़े अखबार अंग्रेजों द्वारा चलाए गए थे। स्वाधीनता प्राप्ति के बाद यद्यपि उनका स्वामित्व तो भारतीयों के हाथ में आ गया, पर उनमें कार्यरत संपादक एवं पत्रकार वर्ग तो उसी भावभूमि से अभिभूत था। अंग्रेजों का समर्थन तो उन्होंने छोड़ दिया, पर

अंग्रेजियत का नहीं। वे इस देश की संस्कृति, सभ्यता, परंपरा से वैचारिक रूप से कटे-कटे ही रहे। इसमें कुछ अपवाद जरूर थे। सर्वसाधारण अंग्रेजो समाचार-पत्र का पत्रकार उच्च शिक्षा प्राप्त व्यक्ति ही हो पाता था। अतः उस पर 'अंग्रेजियत' सवार रहती थी। पर हिंदी या भाषायी संपादक या पत्रकार वैचारिक दृष्टि से इस देश की भावभूमि से प्रेरित होता है। स्वातंत्र्य-संग्राम के समय हिंदी या भाषायी संपादकों एवं पत्रकारों की देशप्रेम व संस्कृति निष्ठा की परंपरा का भी बहुत बड़ा योगदान है। इस कारण एक ही पत्र समूह के हिंदी व अंग्रेजी के पत्रों के संपादक के चिंतन में स्पष्ट विरोधाभास रहता है।"

शिक्षा पद्धति भी दोषी

विषय की गहराई में जाते हुए उन्होंने कहा, "अंग्रेजों के जाने के बाद भी स्वतंत्र भारत अपनी परंपरा के अनुरूप शिक्षण पद्धति का विकास नहीं कर सका है। शरीर से हिंदुस्तानी और मन-मस्तिष्क पर अंग्रेजियत के संस्कार डॉ.लनेवाली मैकाले-प्रणीत शिक्षा पद्धति ही छोटे-मोटे परिवर्तनों के साथ आज भी चल रही है। उसमें से निकलनेवाले पत्रकार उन संस्कारों से अलिप्त कैसे रह सकते हैं? जब तक इस शिक्षा पद्धति का भारतीयकरण नहीं होगा, तब तक अंग्रेजी समाचार-पत्रों का भी भारतीयकरण नहीं हो सकेगा। इसमें भी कुछ अपवाद अवश्य रह सकते हैं और हैं भी।"

यदि पंडित दीनदयाल उपाध्याय को राजनीति नहीं ले जाती तो निश्चय ही वे एक सफल शिक्षाविद्, लेखक या पत्रकार होते। पर राजनीति के उलझन भरे वातावरण में कार्य करते हुए भी समाचार और पत्रकारिता के संबंध में उनके विचार

कितने स्पष्ट थे, इसका थोड़ा सा आभास इस छोटे से आलेख से भी स्पष्ट होता है।

(27 मई, 1928 को जन्मे यादवराव देशमुख संघ के प्रचारक रहे। 1958 से 1968 तक लखनऊ से प्रकाशित होने वाले हिंदी साप्ताहिक 'पांचजन्य' का संपादन किया। वे 1968 से 1975 तक दैनिक 'तरुण भारत' और 'राष्ट्रधर्म' के प्रबंध संपादक भी रहे।)

अध्ययन व्यसन, पत्रकारिता मिशन

- डॉ. नंद किशोर त्रिखा

पंडित दीनदयाल जी का बहुआयामी व्यक्तित्व किसी से छिपा नहीं है। हम सब जानते हैं कि वे गंभीर विचारक, प्रखर विद्वान्, मौलिक चिंतक, त्रऋषियों की स्मृतियाँ साकार करने बाले मनीषी होने पर भी एक अद्भुत सहज-सामान्य कार्यकर्ता, और कार्यकर्ताओं के प्रेरक संगठक थे।

अपने विचारों की दृढ़ता के बावजूद ये विपक्षियों के भी सम्मानित थे, सच्चे अर्थों में अजात शत्रु थे। उनके इन गुणों को उन सब ने उनके जीवित रहते देखा और अनुभूत किया, जो कभी भी प्रत्यक्ष अथवा अप्रत्यक्ष रूप से उनके संपर्क में आए। जिन्हें यह सौभाग्य नहीं मिला, उन्होंने उनके न रहने पर इसे महसूस किया।

किंतु उनके व्यक्तित्व और कर्तृत्व का जो पहलू लोकदृष्टि में गौणप्रायः रह गया था वह है, पत्रकार दीनदयालजी का। आज संभवतः पहली बार हम सार्वजनिक रूप से उनके जीवन के इस आयाम पर विस्तृत विवेचना करेंगे।

स्वतंत्रता पूर्व की जो भारतीय पत्रकारिता थी, उसके पीछे एक मिशन था, एक उद्देश्य था। उस समय के देश के प्रमुख व्यक्तियों के जितने भी नाम इस समय हमारे दृष्टि-पटल पर आते हैं. वे लगभग सब के सब किसी-न-किसी रूप में पत्रकारिता से जुड़े थे। महात्मा गांधी, बाल गंगाधर तिलक, लाला लाजपत राय, महर्षि अरविंद, पंडित मदन मोहन मालवीय, यहाँ तक कि क्रांतिवीर भगत सिंह भी उस लंबी सारणी में प्रतिष्ठित मिलते है। जिन्होंने राजनेता, वकील या अन्य कुछ होने के साथ-साथ पत्रकारिता को स्वातंत्र्य-संघर्ष के लिए जन-जागरण और जनांदोलन का माध्यम बनाया। वे न केवल राजनेता थे, बल्कि अच्छे एवं प्रभावी संपादक और पत्रकार भी थे। अपने पत्रों को उन्होंने विदेशी सत्ता से लड़ने का सबल हथियार बनाया। गांधीजी, तिलक, अरविंद, मालवीयजी आदि ने पत्रों के जरिए राष्ट्रवाद की भावनाओं को ही प्रसारित-प्रचारित नहीं किया, बल्कि सामाजिक-सांस्कृतिक प्रश्नों पर भी लोगों का मार्गदर्शन किया।

स्वतंत्रता के बाद स्थिति बदली, मिशन समाप्त होते दिखा। लेकिन उस उद्देश्यहीन नए दौर में भी दीनदयालजी जैसे विरल मनीषी पत्रकारिता की उसी मशाल को लेकर आगे बढ़े और उन्होंने इसे एक नया दृष्टिकोण भी दिया। उन्होंने पत्रकारिता के सारे उदात्त सिद्धांतों और दर्शन को बड़े मनोयोग तथा विचारशीलता के साथ संपोषित किया। अपनी गहन गंभीर लेखनी से उन्होंने जिस प्रकार एक नई पीढ़ी और संपूर्ण देश को नई दिशा दी, उसकी विवेचना कर हम पत्रकार के रूप में दीनदयालजी के महान् व्यक्तित्व के साथ शायद कुछ न्याय कर सकेंगे।

गीता में कहा गया है-

"अनुद्वेगकरं वाक्यं सत्यं प्रियहितं च यत्। स्वाध्यायाभ्यसनं चैव वाड्मयं तप उच्यते।"

अर्थात जो कथन उत्तेजना, यानी चुभन पैदा न करे, यथार्थ हो और मन को अच्छा लगने वाला हो, पर हितकारी अवश्य हो, उसे ही मन का तप कहा गया है।

दीनदयालजी का पत्रकारीय लेखन अक्षरशः इस आदर्श पर खरा उतरता है। गीता के इस आदेश का उन्होंने जीवन पर्यन्त पालन किया। सत्य और केवल सत्य लिखना; कटुसत्य को भी प्रिय रूप में लिखना; और कथन यदि सत्य और प्रिय दोनों हो, पर अनिष्टकारी हो तो उसे न लिखना-यह उनकी पत्रकारिता का आदर्श था। उनके लेखों में इस बात का आग्रह रहता था कि एक भी ऐसा शब्द प्रयुक्त न हो जाए, जो लोकहित के प्रतिकूल प्रभाव करता हो। अपने ही लेखों में नहीं, बल्कि जिस किसी ने भी इस प्रकार से लिखा हो, उन सबके लेखों में भी वे अगर ऐसे शब्द देखते थे, तो उन्हें निःसंकोच टोक देते थे। यह जो वाणी का कठोर तप है, कोई तपस्वी ही उस पर चल सकता है। पत्रकार के रूप में दीनदयालजी ऐसे ही तपस्वी थे। गांधीजी ने भी अपने लेखों में कहा है कि जब मैं दक्षिण अफ्रीका में 'Indian Opinion' का और बाद में 'हरिजन' का संपादन करता था, तो कई बार रात को उठकर सोचता था कि मैं जिस शब्द का प्रयोग कर रहा है, उसका समाज पर क्या असर पड़ेगा।

किसी भी विषय पर लिखने से पहले उसके समस्त पहलूओं का मगहरा अध्ययन और अन्वेषण करना दीनदयालजी के स्वभाव का अंतर्निहित अंग था। अतः यथार्थ के पैमाने पर

उनके विरोधी भी उन्हें चुनौती नहीं दे पाते थे। अध्ययन में उनका व्यसन ऐसा था कि उन्होंने कलकत्ता के एक पुस्तकालय में कई महीनों तक आर्थिक विषयों का अध्ययन किया। वे वहाँ निरंतर आर्थिक विषयों की पुस्तकें पढ़ते रहे, पश्चात् अर्थशास्त्रियों की और भारत के प्राचीन व अर्वाचीन विद्वानों की भी। जनसंघ के नेता के रूप में उन्होंने देश के विभिन्न प्रदेशों में आर्थिक सच्चाइयों को जमीनी स्तर पर गहराई से देखा-समझा। देश की आर्थिक स्थिति पर उनका अध्ययन धुर नीचे तक की वास्तविकताओं पर आधारित था, केवल पुस्तकीय पांडित्य पर नहीं। इसीलिए वे देश की स्थितियों को गहराई से पकड़ सके। यह उनकी पत्रकारिता में भी स्पष्ट झलकता था। उनका अध्ययन और लेखन ही कालांतर में दल के आर्थिक दर्शन का आधार बन गया। स्वाभाविक ही था कि उनके चिंतन ने पार्टी पर दूरगामी असर छोड़ा पंडित दीनदयाल उपाध्याय की पत्रकारिता में अर्थव्यवस्था ही नहीं, राजनीतिक व्यवस्था और राष्ट्र-जीवन के दार्शनिक अधिष्ठान से संबंधित लेख भी अच्छी संख्या में शामिल हैं। उनके दर्जनों स्तंभ राजनीतिक व्यवस्था के क्लिष्ट पहलुओं पर प्रकाश डॉ.लते हैं। दीनदयालजी अपनी बात को आग्रहपूर्वक रखते थे, लेकिन भाषा में पूरी शालीनता बरतते थे। वे बड़े सटीक ढंग से और बड़े ही नपे-तुले शब्दों में अपनी बात कहते थे। उनके लेखन में बड़े-बड़े विवादों पर गंभीर चिंतन होता था। शब्द तो उनके सीधे-सादे होते, लेकिन अपने तर्कों से वे विपक्षियों को सहज निरुत्तर कर देते थे। इस सब पर विचार करके आज हम उस महान् व्यक्तित्व की पत्रकारिता पर नतमस्तक हो जाते हैं।

दीनदयाल जी सांस्कृतिक राष्ट्रवाद के वैचारिक अधिष्ठान की दृष्टि से महर्षि अरविंद की कोटि के मनीषी थे। दोनों

ने देशवासियों को भारतीय मनीषा के अनुरूप राष्ट्रीयता का बोध कराया। दोनों ने अपनी-अपनी लेखनी के जरिए राष्ट्र के विस्मृत गौरव को प्रबोधित किया, और यह कार्य उन्होंने तब किया जब देश का बुद्धिजीवी वर्ग विदेशी वैचारिक अधिष्ठानों से घिरा हुआ और विभ्रमित था। पश्चिमी विचारों, जीवन पद्धति और व्यवस्थाओं को ही वह श्रेष्ठ मानता था, और भारतीय को हीन।

महर्षि अरविंद ने 1918 में 'भारत में पुनर्जागरण' शीर्षक से अपने चार लंबे लेखों में से पहले में ही गौरवपूर्वक लिखा- "भारत तो सदा जागृत् रहा है, उसे पुनर्जागरण की क्या जरूरत है?" उन्होंने देश को 'भारत शक्ति' के रूप में संबोधित किया और विस्तार से बताया कि किस तरह भारत आध्यात्मिक ही नहीं, बौद्धिक और भौतिक उपलब्धियों में भी इतना महान् रहा है कि जिसकी इतिहास में कोई बराबरी नहीं मिलती। कोई क्षेत्र नहीं बचा, जिसमें उसने सर्वोच्च श्रेष्ठता प्राप्त न की हो, और अब तो वह फिर करवट ले रहा है।

दीनदयालजी ने उस समय, जब देश का बुद्धिजीवी एक ओर साम्यवादी और दूसरी और पूँजीवादी विचारधाराओं के बीच झूल रहा था, तथा उनका कोई भारतीय विकल्प है, इस पर सोचने को तैयार भी न था, उस समय भारतीय मनीषा, भारतीय दृष्टि और भारतीय अस्मिता पर आधारित तीसरा मार्ग प्रशस्त किया- एकात्म मानवतावाद का अधिष्ठान प्रस्तुत करके। इससे उन्होंने वैचारिक जगत् में नई हलचल पैदा कर दी, भारत को भारत से परिचित कराया। ऐसे विलक्षण, मनीषी और पत्रकार थे दीनदयालजी।

(डॉ. त्रिखा पत्रकारिता अध्यापन और मीडिया कर्मचारी संगठनों में लंबे समय तक सक्रिय रहे। वह टाइम्स ऑफ इंडिया समूह के अखबार नवभारत टाइम्स से लंबे तक जुड़े रहे और इसके लखनऊ संस्करण के संपादक रहे। डॉ. त्रिखा माखन लाल चतुर्वेदी पत्रकारिता विश्वविद्‌यालय के पत्रकारिता विभाग के प्रमुख भी रहे।)

संपादकों के संपादक दीनदयाल

- डॉ. वेदप्रताप वैदिक

दीनदयालजी के नाम से इतना सुंदर कोई कार्यक्रम हो और उसमें मुझ बेचारे को याद किया जाए, एक अजनबी को, एक बाहरी आदमी को, यह सचमुच एक खबर है और आनंद की खबर है। जब से दीनदयालजी गए, बहुत सी चीजों से मेरा संपर्क छूट गया। बहुत सारे संपर्क टूट गए। दीनदयालजी एकात्म मानववाद के विचारक थे। वे स्वयं में बड़े सघन गोंद थे, जोड़नेवाली अद्भुत शक्ति थे। तरह-तरह के मनुष्यों को, नागरिकों को तरह-तरह की विचारधारावालों को, तरह-तरह के स्वभाववालों को एक साथ जोड़कर चलाते रहना दीनदयालजी का एक विलक्षण एवं स्वाभाविक गुण था।

दीनदयालजी आजादी के बाद के पत्रकारों में थे, अगर आप उनको पत्रकार मानें और पिछले लगभग 200 साल के पत्रकारिता के इतिहास पर गौर करें, तो विभाजन रेखा खींच दी जाती है स्वतंत्रता के पहले की पत्रकारिता और स्वतंत्रता के बाद की पत्रकारिता। स्वतंत्रता के पहले की पत्रकारिता को कहा जाता है कि वह व्रती थी और स्वतंत्रता के बाद की पत्रकारिता को कहा जाता कि वह वृत्ति है। व्रत समाप्त हो

गया और वृत्ति आरंभ हो गई। जो दोष आज हम पत्रकारिता में देखते हैं उनकी तरफ दीनदयालजी बराबर इशारा किया करते थे। उनके जमाने में जो पत्रकारिता थी, उससे जो विकट पत्रकारिता जब हम आज देखते हैं तो यह कठिन तथ्य मालूम पड़ता है कि पत्रकारिता अब वृत्ति बन गई है। लेकिन आजादी के बाद भी दीनदयालजी, जो पत्रकारों के पत्रकार थे, संपादकों के संपादक थे, उनकी पत्रकारिता में उन वृत्तियों का हमें कहीं पता नहीं चलता है, लक्षण नहीं मिलता है, जिनसे आज की पत्रकारिता ग्रस्त है। सिर्फ ऐसा नहीं है कि दीनदयालजी ही इस पत्रकारिता में थे, कई और पार्टियों के ऐसे अखबार उस जमाने में निकलते थे। कम्यूनिस्ट पार्टी के अखबार, दूसरी छोटी-मोटी पार्टियों के ऐसे अखबार उस जमाने में निकलते थे, डॉ. लोहिया और अशोक मेहता के अखबार, पत्रिकाएँ आदि। उनमें भी उस तरह का त्याग, उस तरह का विलक्षण बौद्धिक वैभव और मौलिकता व निर्भयता हम नहीं देखते हैं, जो 'पाञ्चजन्य' में, 'राष्ट्रधर्म' में तथा दूसरे पत्रों में हम बराबर देखते रहे हैं।

आजादी के बाद पत्रिकाओं का एक ऐसा दौर भी रहा है जो अब भी कुछ हद तक है, जिससे प्राप्त कुछ नहीं होना है, उसमें संपादकों को, लेखकों को, पत्रकारों को देना-ही-देना है, समाज के प्रति उनका अवदान-ही-अवदान है। उनके संपादकों की कुर्सियाँ काँटों की सेज हैं, जैसे कि 'पाञ्चजन्य' निरंतर उसमें लेखन किया है। किसी जमाने में मैंने भी उसमें लिखा था। 30-35 साल पहले 'ऑर्गेनाइजर' के लिए भी मैं लिखता था। उससे कुछ प्राप्त नहीं होता था, प्राप्त होता था एक संतोष। हमारे पास कलम का बल है. वाणी का बल है, विचार का बल है तो राष्ट्र की सेवा करें। यह संतोष और उस संतोष को प्राप्त करने वाले लोगों की पीठ पर कोई हाथ

धरे, पीठ ठोके, थपथपाए, वह काम दीनदयालजी बराबर करते रहे। इस मायने में दीनदयालजी पत्रकारों के पत्रकार थे. संपादकों के संपादक थे। उन्होंने यह बताया कि जो वर्तमान वृत्ती पत्रकारिता को चला रहे हैं वे भी आराध्य हैं, वे भी पूजनीय हैं, वे भी नमन योग्य हैं। इसलिए आज भी बड़ी शानदार परंपरा चल रही है। मुझे एक बात कहनी है कि यह पत्रकारिता मूलधारा की, मुख्यधारा की पत्रकारिता नहीं बन पाई, जिस पत्रकारिता का प्रतिनिधित्व दीनदयालजी करते थे। यह पत्रकारिता 50-60 हजार पाठकों तक या 50-60 हजार के सर्कुलेशन तक सीमित रही, कभी लाख-डेढ़ लाख भी हो गई, पर यह 10-20-30-50 लाख की पत्रकारिता नहीं बन पाई। यह बात 'पाञ्चजन्य' पर ही लागू नहीं होती। सभी दलों के या सभी संगठनों के मुखपत्रों पर लागू होती है। जबकि दुनिया के दूसरे बड़े आंदोलनों के पत्र लाखों की संख्या में बिकते हैं। भारत में यह पत्र मुख्यधारा के पत्र कभी नहीं बने, शायद नहीं बनना ही इनकी नियति है, क्योंकि एक विशेष विचार का प्रतिनिधित्व करनेवाले पत्र आम आदमी को पसंद कैसे आएँगे?

आम आदमी की पसंद के लायक बनाने के लिए पत्रों का स्तर गिराना पड़ता है, फूहड़ बातें छापनी पड़ती हैं, अशिष्ट बातें लिखनी पड़ती हैं और ऐसी मर्यादाओं का उल्लंघन करना पड़ता है, जो प्राणों से अधिक प्रिय हों। इसलिए इन पत्रों के बहुत लोकप्रिय होने की आशा नहीं की जा सकती। इस एक कमी की करता आज भी बनी हुई हैं, अपनी मर्यादाओं में रहकर भी पत्रों को कैसे विशाल प्रसार लायक बना दिया जाए, यह हम लोगों के लिए विचारणीय विषय होना चाहिए।

जहाँ तक स्वयं दीनदयालजी की बात थी, वे स्वाध्यायी थे, मनस्वी थे। पत्रकारिता में आज इसका भी टोटा मालूम पड़ता है। वर्तमान में मेरे बहुत से भित्र, भक्त, अनुयायी, शिष्य, बड़े-बड़े अखबारों के संपादक हैं, उनसे मुझे बहुत प्रेम है। उनके कई गुणों पर मैं फिदा हूँ, लेकिन यह बात बड़ी विनम्रता और बिना संकोच के कहना चाहता हूँ कि कहीं स्वाध्याय दिखाई नहीं पड़ता है, शब्दों की पहचान दिखाई नहीं पड़ती है, विषयों के बारे में जानकारी उन लोगों को नहीं है। आप कोई गहरा विषय लिख दें, तो संपादन करते समय कट जाता है। संपादन करनेवाले को पता ही नहीं होता है कि जो काटा गया वह बहुत महत्त्वपूर्ण था, यह एक बहुत बड़ी कमी आज की पत्रकारिता में है। कोई बढ़िया संपादक तब हो सकता है जब उसको दुनिया के विविध विषयों का जबरदस्त ज्ञान हो। जब तक कोई 10-12 घंटे रोज स्वयं स्वाध्याय नहीं करेगा, तो घंटा, आधा घंटा लिखेगा क्या? अगर आपको आधा घंटा लिखना है तो दस घंटे रोज पढ़ना होगा।

यह ठीक है कि दीनदयालजी को अभी पॉलिटिकल साइंस के लोग पॉलिटिकल फिलॉसफर के तौर पर नहीं जानते। यह भी ठीक है कि भारत के विश्वविद्यालयों के दर्शन विभाग उन्हें किसी दार्शनिक की तरह नहीं पढ़ाते। मैंने उनकी पुस्तक और लेख कहीं-कहीं थोड़े-बहुत पढे हैं. कई बार उनसे बात करने का अवसर मिला। फिर भी मैं स्वयं आज यह अनुभव नहीं करता हूँ कि मैं उनको एक दार्शनिक कह दूँ या एक सिस्टम बिल्डर पॉलिटिकल फिलॉसफर कह दूं। लेकिन मैं यह मानता हूँ कि उन्होंने अपने विचारों से जनसंघ को बढ़ाने में, भारत के राष्ट्रवादी आंदोलन को बल पहुँचाने में अपूर्व भूमिका अदा की। अगर दीनदयालजी नहीं होते तो मुझे लगता है कि सावरकर और गोलवलकरजी के बाद शायद इस आंदोलन में

विचारों का अकाल पड़ जाता। बिना विचार के राजनीति कैसे करेंगे, कोई बड़ा आंदोलन कैसे चलाएँगे? विचार जड़ तो नहीं होता। विचार तो चिति है, विचार तो चेतना है, सनातन चेतना है, निरंतर विकासमान है।

भारत में राष्ट्रवाद को अगर आगे बढ़ाना है, अगर सांस्कृतिक राष्ट्रवाद को हम एक व्यापक भूमिका देना चाहते हैं और इसके आधार पर संपूर्ण दक्षिण एशिया की एक चिरंतन चेतना को परिवार के तौर पर विकसित करना चाहते हैं और भारत को उसकी सनातन सत्ता में स्थापित करना चाहते हैं, तो विचारों का प्रवाहमान होना जरूरी है। विचारों के इन महान् प्रवाह की एक बहुत बड़ी मजबूत कड़ी अगर कोई थे तो वे दीनदयाल उपाध्याय थे। इसलिए उनकी पत्रकारिता साधारण पत्रकारिता के मुकाबले, साधारण पत्रकारों के मुकाबले अधिक गहन, अधिक श्रेयस्कर, अधिक दूरगामी, अधिक देर तक चलनेवाली है। जिनके पास मौलिक विचार होते हैं, भविष्य को देखने की दृष्टि होती है, वे जीवित रहते हैं। यह दिल्ली शहर तो बड़े-बड़े बादशाहों की कब्र है, बड़े-बड़े राजाओं का श्मशान है उनको कौन याद करता है। आज दीनदयालजी को हम याद करते हैं, इसलिए कि उन्होंने नए विचार हमारे समक्ष रखे। आज मुझे लगता है कि जब राष्ट्रवादियों की एक आंशिक सरकार बनी हुई है, भारत के भविष्य के बारे में और उससे जुडे हुए मानवता के भविष्य के बारे में नए चिंतन की, मौलिक चिन्तन की बहुत जरूरत है। दीनदयालजी के चिंतन से, उनकी पत्रकारिता से, उनके साहित्यिक योगदान से, उनके वैचारिक योगदान से हम आज भी लाभान्वित हो रहे हैं। यही हमारे उज्ज्वल भविष्य की प्रत्याभूति है।

(डॉ॰ वेद प्रताप वैदिक वरिष्ठ पत्रकार, राजनैतिक विश्लेषक, प्रखर वक्ता एवं हिन्दी एवं भारतीय भाषाओं के अत्यन्त पक्षधर थे। हिन्दी को भारत और विश्व मंच पर स्थापित करने की दिशा में सदा प्रयत्नशील रहे।लम्बे समय तक पीटीआई- भाषा के संपादक रहे।)

सरल भाषा-सरल विचार

- राम नाईक

मेरी नजर में पंडित दीनदयालजी की जो पत्रकारिता थी, जितनी' ऑर्गेनाइजर' में हमने पढ़ी उतनी ही जानता हूँ। वह साठ का दशक था। उस समय हवाई यात्रा की आज जितनी सुविधा नहीं थी। ट्रेन में भी फर्स्ट क्लास से जाना बहुत कम होता था। ऐसे में पंडितजी हमेशा यात्रा करते थे, प्रवास करते थे, सार्वजनिक कार्यक्रम होते थे। उनमें भी चिंतन करने वाले लोग कभी-कभी होते थे। लेकिन चिंतन के बाद उसको कागज पर उतारना और वह' ऑर्गेनाइजर' के पास समय पर पहुँचाना, एक ताजा राजनीतिक टिप्पणी के नाते अपने आप में बहुत महत्व का कार्य था।' ऑर्गेनाइजर' में वैसे कई प्रकार के स्तंभ होते थे, आज भी होते हैं। लेकिन हर पाठक की एक प्रवृत्ति रहती है। दैनिक अखबार देखो तो कुछ लोग पहला पन्ना देखेंगे तो कुछ एकदम स्पोर्ट्स के पेज पर जाएँगे, तो कोई तीसरा होगा जो यह जानना चाहेगा कि आर्थिक जगत में क्या हो रहा है। हरेक की अपनी रुचि होती है। मुझे यह कहने में कोई संकोच नहीं है कि जब 'ऑर्गेनाइजर' मिलता था, तो मेरे जैसा कार्यकर्ता सबसे पहले यह जानना चाहता

था दीनदयालजी की 'पॉलिटिकल डायरी' में क्या है। मैं सबसे पहले उसे पढ़ने का प्रयास करता था।

दीनदयाल जी की 'पॉलिटिकल डायरी'' में कई बातें होती थीं राजनीतिक कार्यकर्ता के लिए उसमें सबसे बड़ी बात मुझे जो लगती थी कि भाषा एकदम सरल जिसे कोई भी पढ़नेवाला समझ सकता था। आजकल जैसा आर्टीकुलेशन वगैरह न होकर होकर मन का ऐसा विचार होता था जो सीधा पढ़नेवाले के पास पहुंच जाए। उनको भाषा और विचार सरल होते थे। उनके आलेख में हिंदी संस्कृतनिष्ठ क्यों होनी चाहिए। उम्मीदवार कैसा होना चाहिए। उम्मीदवार का कितना महत्व है। राजनीतिक पार्टी का कितना महत्त्व है। समाज का कितना महत्त्व है। उस उम्मीदवार की जो पार्टी है, उसके घोषणा-पत्र का कितना महत्व है, इन अब प्रश्नों के समझ में आने वाले उत्तर होते थे।

उनका लेख पढ़ने पर एक और बात समझ में आती थी कि चर्चा का जो वर्तमान विषय है, उसके बारे में जनसंघ का अधिकृत दृष्टिकोण कौन सा है, यह समझना बहुत आसान होता था। उनकी टिप्पणी डेढ़-दो, कभी-कभी ज्यादा-से-ज्यादा ढाई-तीन कॉलम की होती थी। दूसरों के साथ चवां करने के लिए उतनी सामग्री पर्याप्त होती थी। यह सामग्री अलग-अलग समय पर, अलग-अलग विषयों पर होती थी। मुझे याद है कि उन दिनों पंचवर्षीय योजना का स्वरूप बदलने के लिए 'योजना बदलो' अभियान चलाया गया था। तीसरी पंचवर्षीय योजना कैसी थी, उसका प्रारूप कैसा था, उसका परिणाम क्या हुआ, चौथी कैसी होनी चाहिए आदि। कई प्रकार के विषयों के बारे में सहजता से आम आदमी की समझ में आनेवाले ढंग से अपनी बात दीनदयालजी ने अपने लेखों के माध्यम से

रखी। केवल समझना ही नहीं, उसमें से कुछ काम करने की प्रेरणा मिले, उनके लेख का हमेशा ऐसा प्रारूप रहता था। मैं ऐसा मानता हूँ कि सरलता से, सहजता से आसान भाषा में लिखना, निरंतर लिखना और कार्यकर्ताओं को एक वैयक्तिक दृष्टि देना उनका उद्देश्य रहता था, अपने पास रखने के लिए नहीं। जाओ वहाँ और चर्चा करते रहो, अधिकृत रूप से, इस प्रकार का एक मानसिक सामर्थ्य कार्यकर्ता को दीनदयालजी की 'पॉलिटिकल डायरी" से मिलता था।

उस समय मोरारजी भाई देसाई ने वित्त मंत्री होने के नाते कहा कि टैक्सेस ज्यादा लगने जा रहे हैं तो कमर कसनी चाहिए वगैरह-वगैरह। पंडितजी ने अपने लेख में इस पर टीका-टिप्पणी इतनी अच्छी भाषा में की कि वह सबकी समझ में आ गई। उन्होंने वित्तमंत्री के बारे में मार्च 1963 को एक लेख में लिखा- "Finance minister should give second thoughts to all his proposals and before asking the people to tighten their belt, see that the government to tighten its belt which is so loose that government has lost both grace and efficiency." इस एक वाक्य में उन्होंने सरकार पर कितनी सशक्त टिप्पणी की. वह भी एकदम सरल भाषा में। सरल भाषा के साथ-साथ सभ्य भाषा में। जिसको बोलना है, उसके आधार पर कुछ भी बोल सकते हैं, लोग बोलते भी थे। दीनदयालजी ने हम सभी को यह वैचारिक प्रेरणा दी। मैं ऐसा मानता है कि दीनदयालजी को सुनने का भाग्य हमेशा सबको नहीं मिलता था या उनके विचार कभी-कभी समझ में भी नहीं आते थे, लेकिन उनके जो लेख 'पॉलिटिकल डायरी" के माध्यम से आते थे, वे सरलता से सबको समझ में आ

जाते थे। काम करते समय इस तरह एक बहुत बड़ी पूँजी लोगों को मिलती थी।

(राम नाईक भाजपा के वरिष्ठ नेता हैं। वे केन्द्रीय मंत्री और उत्तर प्रदेश के राज्यपाल रह चुके हैं। पद्मभूषण से सम्मानित है।)

शब्द और कृति की एकात्मकता के सर्जक थे पंडितजी

- हृदयनारायण दीक्षित

पंडित दीनदयाल उपाध्याय के शब्द बीजमंत्र जैसे हैं, उन्होंने अपने लेखकीय अनुष्ठान के माध्यम से सनातन मूल्यों के संधान का उल्लेखनीय कार्य किया है। पंडितजी का सृजन-कार्य अतिव्यस्त दिनचर्या के बीच महकते उपवन जैसा है।

पत्रकारिता और लेखन की मूल भावना की अंतर्निहित शक्ति में कुछ कहने का बीजमंत्र छुपा होता है। जिनके पास कहने को बहुत कुछ होता है, जो पीड़ित, कातर मानवता के दुःखों के कारण स्वयं भी कात्तर और व्यथित होते रहते हैं, वे बिना बोले, बिना लिखे नहीं रह सकते। अक्षर-अक्षर जोड़कर अपने भावों की डोर में विचारों के मोती पिरोने का काम पंडित दीनदयाल उपाध्याय ने अपनी इसी व्यथा के चलते किया।

पंडितजी का लेखन बिलकुल सावन के जल भरे मेघों जैसा है, जो धरती की प्यास बुझाने को पूरी करुणा के साथ बरसने को आतुर रहते हैं। जल से भरे मेघों को बरसने के लिए

कोई प्रयास नहीं करने होते, बरसना उनका स्वभाव होता है। पंडित दीनदयाल उपाध्याय के पास कहने को बहुत कुछ था। सृजनशील चेतना की अनुभूतियाँ गहरी होती हैं। पंडितजी के जीवनकाल को लंबाई में जाँचनेवाले निराश होते हैं। उन्होंने अपने जीवन के एक-एक क्षण को पूरी रचनात्मकता और विश्लेषणात्मक गहराई से ही जिया है। एकात्म मानववाद के विश्लेषण की रचना त्वरा से लिखे गए पंडितजी के अक्षर कालजयी हैं।

पंडितजी' ऑर्गेनाइजर' में समसामयिक विषयों पर 'पॉलिटिकल डायरी'' नाम का स्तंभ लिखते थे। डॉ. राममनोहर लोहिया भी 'इंटरवल ड्यूरिंग पॉलिटिक्स' जैसे लेखन के लिए सम्मानित हुए। मगर डॉ. लोहिया का लेखन राजनीति के इंटरवल (मध्यांतर) का लेखन है। पंडितजी का लेखन शेष बचे हुए समय के सदुपयोग जैसा रचना कार्य नहीं है। पंडितजी अपने जीवन भर रचनात्मक ही रहे। उनका एक-एक कर्म रचनात्मक है।

'पॉलिटिकल डायरी'' को ही लें। बेशक समसामयिक राजनीतिक लेखन तात्कालिक विषयों तक ही सीमित रहता है, मगर पंडितजी ने राजनीतिक लेखन को भी दीर्घकालिक विषयों से जोड़कर रचना-कार्य को सदा-सर्वदा के लिए पठनीय बनाया है। 17 मई, 1968 को बंबई में 'पॉलिटिकल डायरी'', का विमोचन करते हुए राष्ट्रीय स्वयंसेवक संघ के सरसंघचालक मा.स. गोलवलकर ने कहा था, "आज के इस कार्यक्रम का प्रबंध करनेवाले एक महानुभाव ने इस लेख संग्रह की कच्ची प्रतिलिपि मुझे दी थी। यह सोचकर कि बुद्धि को अंधकार में रखकर खड़े होना योग्य नहीं, मैंने यहाँ से राजकोट जाते समय और वहाँ से विमान में यहाँ आते समय पूरी पुस्तक

पढ़ ली। पुस्तक में अनेक विषय तो तात्कालिक ही हैं, परंतु हमारे दीनदयालजी की एक विशेषता यह थी कि तात्कालिक विषय को भी एक स्थायी सैद्धांतिक अधिष्ठान देकर वे लिखा करते थे, बोला करते थे। केवल तात्कालिक बात कहकर उसे छोड देना उनका स्वभाव नहीं था। कई वर्षों तक निकट सहकारी होने के नाते मैं उन्हें जानता हूं। मुझे पता है कि वे मूलगामी विचारों के अभ्यासक थे। तात्कालिक समस्या पर बोलते या लिखते समय भी उसके पीछे कोई न कोई चिरंतन सिद्धांत है, इसका विचार कर उसके अधिष्ठान पर ही वे प्रयोग किया करते थे।"

पंडितजी ने शब्द तपस्या के अनुष्ठान में बहुत कुछ लिखा है, जिनमें एकात्म मानववाद, लोकमान्य तिलक की राजनीति, जनसंघ का सिद्धांत और नीति, जीवन का ध्येय, राष्ट्र जीवन की समस्याएँ, राष्ट्रीय आत्मानुभूति, हमारा कश्मीर, अखंड भारत, भारतीय राष्ट्रधारा का पुनः प्रवाह, भारतीय संविधान पर दृष्टि, इनको भी आजादी चाहिए, अमरीकी अनाज-पी. एल. 480, पॉलिटिकल डायरी', भारतीय अर्थनीति: विकास की एक दिशा, बेकारी समस्या और उसका हल, टैक्स या लूट, विश्वासघात, दि टू प्लान्स, डिवैलुएशन-ए ग्रेट फाल आदि। उनके लगातार लिखते जाने का एक ही हेतु था-विश्व के मानचित्र पर भारत की विश्व-विजय और पुनर्प्रतिष्ठा।

पंडितजी ने भारतीय तत्त्वज्ञान को नए शब्द देने की कोशिश की। जब सारी दुनिया मनुष्य को ही पदार्थ सिद्ध करने में संलग्न थी, पंडितजी मानव की महिमा और गरिमा की पुनर्प्रतिष्ठा के लिए ही लिखते रहे। उनके रचना-संसार की निष्पत्ति है कि इस भारत ने मनुष्य को पदार्थ मात्र कभी नहीं माना। मनुष्य का जितना हिस्सा पदार्थ है, वह भी शुद्ध

चैतन्य ही है। इसी सत्य की अनवरत शोध और आराधना में लगी चेतना का नाम भारत है। भारत देशवाचक ही नहीं, एक सनातन साधना की संज्ञा भी है। पंडितजी इसी भारतभूमि की चिरंतन प्रतिष्ठा की खातिर लिखते थे।

'राष्ट्रधर्म' आज भारत की नहीं, विश्व के अनेक देशों में सम्मान के साथ पढ़ी जानेवाली सांस्कृतिक पत्रिका है। भारतीय संस्कृति और संस्कारों से रची-बसी इस पत्रिका ने बहुत थोड़े समय में संपूर्ण हिंदी-जगत् में अति-प्रतिष्ठित स्थान बना लेने में बाजी मार ली थी। एक-एक रुपए जोड़कर ट्रैडिल-मशीन की व्यवस्था पंडितजी ने की थी। ये राष्ट्रधर्म प्रकाशन के प्रबंध संचालक थे, मगर प्रेस में झाड़ू लगाने के काम से लेकर मशीन की सफाई तक का कार्य करने में कभी शर्म महसूस नहीं करते थे।

अनेक पुस्तकों के विद्वान् लेखक, पत्रकार और राष्ट्रधर्म के यशस्वी तत्कालीन संपादक तथा पंडित दीनदयाल उपाध्याय के उस समय के सहकर्मी पंडित बचनेश त्रिपाठीजी की आँखें पंडितजी के संस्मरण सुनाते समय 'नम' हो जाती हैं, शब्द आर्द्र हो जाते हैं। श्री बचनेश त्रिपाठी बताते हैं कि एक बार शीत लहर के कारण रात्रि पाली के कम कपोजिटर आए। 'दैनिक स्वदेश' भी पंडितजी के मार्गदर्शन में ही निकलता था। अखबार हर हालत में निकलना ही था। अखबार ठीक समय पर निकाला जा सके, इसके लिए पंडितजी ने स्वयं पूरी रात कंपोजिंग की। वे एक-एक अक्षर जोड़ते रहे। अक्षर जो कभी नष्ट नहीं होता, इसीलिए उसे अक्षर कहते हैं। जब अक्षर ठीक से जोड़ा जाता है, तब वह शब्द बनता है और शब्द वस्तुतः ब्रह्मा ही होता है। भारतीय इतिहास का. निष्काम कर्मयोगी रात भर अक्षर जोडता रहा। भारत

की आज की पीढ़ी सौभाग्यशाली है कि उसे कर्म-प्रेरणा देने के लिए दीनदयाल उपाध्याय जैसे ऋषियों को 'कथनी और करनी' का जीवंत रूप मौजूद है।

ऐसी ही अनेक प्रेरक कथाएँ हैं। महापुरुषों की कथाएँ प्रेरणादायी होती हैं। प्रेरक कथाएँ पथ संकेत बनती हैं। एक श्रेष्ठ त्यागमयी परंपरा की कड़ी रूप में हमारे भविष्य का निर्माण हमारे हाथों ही संभव है बशर्ते हम सब अपनी परंपराओं व आदर्शों को एक क्षण के लिए भी विस्मृत न करें। प्रकाशन के क्षेत्र में पंडितजी के सहयोगी के रूप में कार्य करनेवालों की पंक्ति लंबी है, मगर सर्वश्री अटल बिहारी वाजपेयी, राजीव लोचन अग्निहोत्री, भानु प्रताप हुक्ल, पंडित बचनेश त्रिपाठी, गिरीशचंद मिश्र, महावीर प्रसाद त्रिपाठी, यादवराव देशमुख, महेंद्र कुलश्रेष्ठ, तिलकसिंह परमार आदि संपादक विद्वानों का उल्लेख प्रायः किया जाता है। कहते हैं, प्रेस प्रारंभ करने के लिए दिन में प्रेस पर काम करने से हाथों में लगनेवाली कालिख को धोने के लिए साबुन मँगाया। यह देखकर पंडितजी ने सबको समझाया कि साबुन से न हम हाथ धोएँगे, न अटल बिहारीजी। किसी को भी अनावश्यक व्यय नहीं करना चाहिए। मिट्टी से हाथ धोना ज्यादा अच्छा होता है। स्वास्थ्य के लिए भी ठीक रहता है।

पंडितजी ने जगद्गुरु शंकराचार्य की जीवनी भी लिखी। भारत राष्ट्र की सत्य सनातन साधना और उसकी एकात्मता के शक्तिशाली उद्घोषक जगद्गुरु शंकराचार्य के जीवनादर्शों को शब्दों में ढालने का काम आसान नहीं था। मगर जगद्गुरु शंकराचार्य ग्रंथ सांस्कृतिक अध्येताओं के बीच बहुत लोकप्रिय हुआ। कई भाषाओं में उसका अनुवाद हुआ। पंडितजी जगद्गुरु शंकराचार्य के माध्यम से भारतीय तत्वदर्शन की विशिष्टता

बताना चाहते थे। भारत पर हो रहे ईसाई साम्राज्यवाद के पश्चिमी सभ्यता के हमले की जड़ों पर प्रहार करने का कार्य पडितको कर रहे थे। पंडितजी की निष्पत्ति थी कि प्रत्येक देश की ऐतिहासिक और सामाजिक परिस्थितियाँ भिन्न होती हैं।

प्रत्येक कालखंड में देश के सम्मुख विद्‌यमान चुनौतियों और समस्याओं के समाधान के लिए उस देश के तत्कालीन नेता, समाज-सुधारक उस समय की सामाजिक और आर्थिक परिस्थितियों को दृष्टिगत रखते हुए उचित मार्ग का सुझाव देते हैं। मगर ऐसे सुझावों में हमारी ऐतिहासिक घटनाओं और सांस्कृतिक पूँजी को नजर अंदाज नहीं किया जाना चाहिए। पंडित दीनदयाल उपाध्यायजी का कहना था कि इतिहास और परंपरा में जो हमारा है, उसे युगानुकूल, और जो बाहर का है, उसे देशानुकूल बनाकर हमें देश को आगे बढ़ाना है।

'राष्ट्रधर्म' और 'स्वदेश' से भी पंडितजी की अक्षर-साधना का अनुष्ठान नहीं रुका। भगवान् श्रीकृष्ण के उद्‌घोष 'पाञ्चजन्य' जैसी हिंदी पत्रिका भारत ही नहीं, विश्व के हिंदू मानस परिवारों में 'स्टेटस सिंबल' बन चुकी है। भारतीय संस्कृति, परंपरा और हिंदुत्व के क्षेत्र को किसी भी यशोगाथा और घटना पर बोलनेवाले महारथी 'राष्ट्रधर्म' और 'पाञ्चजन्य' का उल्लेख किए बिना नहीं रह सकते।

राष्ट्रीय स्वयंसेवक संघ के संस्थापक और प्रथम सरसंघचालक डॉ. केशवराव बलिराम हेडगेवार के मराठी जीवन चरित्र का हिंदी अनुवाद भी दीनदयालजी ने किया। किन्हीं शब्दों की जगह दूसरे शब्द को लिखकर अनुवाद कर देना आसान है, मगर भाषा विज्ञान का साफ मानना है कि अनुवाद अपने आप में एक असंभव प्रक्रिया है। किसी एक भाषा के शब्द

की जगह शब्दकोश से किसी अन्य भाषा के शब्द को प्रयुक्त करने मात्र से अनुवाद नहीं होता। फिर हिंदू भूमि के परम वैभव स्वप्नदृष्टा डॉ. केशवराव बलिराम हेडगेवार के जीवन चरित्र का हिंदी रूपांतरण तो निश्चित ही कठिन कार्य था। मगर डॉ. हेडगेवार के मंत्र और तंत्र के लिए ही अर्पित पंडितजी मराठी भाषा की जीवनी को हिंदी में रूपांतरित करने में सफल हुए।

'राष्ट्र जीवन की समस्याएँ' व पंचवर्षीय योजनाओं पर अंग्रेजी में 'दि टू प्लॅस, प्रोमिस, परफारमेंस एंड प्रोस्पैक्टस' जैसी पुस्तकें अर्थशास्त्र के बारीक जानकारों को भी हतप्रभ करती हैं। मगर भारत की अर्थनीति पर संपूर्ण प्रचलित आर्थिक, राजनीतिक प्रणालियों को चुनौती देते हुए पंडितजी ने यह सिद्ध कर दिखाया कि हिंदुस्तान में मजदूरों को उकसानेवाला 'दास कैपिटल' और 'दि थ्योरी ऑफ सरप्लस वैल्यू' का कार्ल मार्क्स का आधा-अधूरा आर्थिक सिद्धांत सफल नहीं होगा। 'भारतीय अर्थनीति विकास की एक दिशा' पुस्तिका लिखकर पंडितजी ने यह बताया कि हिंदुस्तान की अर्थनीति एकांगी नहीं हो सकती। मार्क्स की वर्ग संघर्ष की कल्पना व्यर्थ है। भारत के मनुष्य ही नहीं, सृष्टि के कण-कण में परस्परावलंबन दिखता है। समाजवादी अर्थव्यवस्था के नाम पर सरकारी अर्थव्यवस्था भी भारत के लिए उपयोगी नहीं हो सकती। पंडितजी ने अर्थनीति के नियमन में भी समग्रता के दर्शन की स्थापना की। करारोपण के सिद्धांतों का भी पंडितजी ने मजाक बनाया। उन्होंने 'टैक्स या लूट' लिखकर प्रणाली की निंदा की। प्रत्यक्ष कर हों या अप्रत्यक्ष कर, सभी कर वस्तुतः टैक्स के ढाँचे को अदूरदर्शी और एकांगी होने के कारण गरीब भारत बनाते हैं। करारोपण का भारतीय सिद्धांत तो महाभारत के शांति पर्व से लिया जाना चाहिए। जिस प्रकार

बछड़ा अपनी माँ का दूध पीते समय स्तन दबाता है, जीविका भर के लिए दूध निकालता है, मगर स्तन नहीं काटता। भँवरा फूल पर मंडराता है, थोड़ा सा रस लेता है, मगर फूल को चोट नहीं पहुँचाता। यही नीति करारोपण की होनी चाहिए कि कर राष्ट्रीय हित में वसूल भी हों, मगर करदाता को चोट भी नहीं लगने पाए।

पंडितजी ने मिर्जापुर जनपद के चुनार नामक स्थान पर बहुत थोड़े समय में ही 'सम्राट् चंद्रगुप्त' जैसे चरित्र पर पुस्तक लिखकर भारतीय इतिहास के एक सांस्कृतिक निष्ठा वाले राज्य का चित्रण कर डॉ.ला। पंडित दीनदयाल उपाध्याय की अक्षर साधना के एक-एक वाक्य में भारत की भवितव्यता के मार्ग संकेत है। पंडितजी का लेखन अद्वितीय है। मगर उन्होंने अपने लेखन के बारे में किसी विशिष्ट व नएपन का दावा नहीं किया। पंडितजी कहा करते थे कि हजारों वर्ष पुराने अपने इस राष्ट्र को सांस्कृतिक धरोहर के आधार पर ही भारत के भविष्य के शिखर कलश प्रतिष्ठापित होंगे। उनके मत में वह वही कह रहे थे जो महापुरुष पहले से ही कहते रहे हैं।

पंडितजी का लेखन-कर्म आज की चरित्रहीन राजनीति के कालखंड में देश और विश्व के लिए कालजयी संदेश है कि लिखने, बोलने और करने में एकात्मता के अभाव में न तो राजनीति सधती है, न ही देश-कल्याण होता है। पंडितजी शब्द और कृति की एकात्मकता के सर्जक थे।

(हृदयनारायण दीक्षित उत्तर प्रदेश विधानसभा के पूर्व अध्यक्ष है। वे भारतीय जनता पार्टी के वरिष्ठ नेता साहित्यकार, पत्रकार व कुशल राजनीतिज्ञ हैं।)

प्रसिद्धि पराङ्मुख थे दीनदयाल

- जगदीश प्रसाद माथुर

पत्रकारिता और लेखक समाचार व लेख के बीच बड़ी बारीक रेखा है। यदि किसी ने कुछ लिख दिया और उस पर टिप्पणी हो गई तथा कुछ जनता के लिए संदेश हो गया, वह समाचार वन जाता है और सिर्फ अपने ही विचारों को व्यक्त करता लेख व्यक्तित्व लेख बन जाता है; जैसे लेख, लेखक, पत्रकारिता, समाचार के बीच बहुत बारीक रेखा है, ठीक उसी प्रकार की बारीक रेखा दीनदयालजी के चरित्र में थी। पंडितजी आज की परिभाषा में पत्रकार नहीं थे। आज की परिभाषा कह रहा हूँ, क्योंकि आज पत्रकार कौन है, जिसने किसी कॉलेज, यूनिवर्सिटी से पत्रकारिता की परीक्षा पास की हो, उसके बिना कोई अपने समाचार पत्र में पत्रकार भरती करेगा ही नहीं। लेकिन इससे पहले समय था कि प्रभाकर जैसे और बड़े-बड़े पत्रकार हो गए, जिन्होंने कोई डिग्री नहीं ली, चेलापतिराय जैसे। उस श्रेणी में दीनदयालजी परोक्ष रूप से पत्रकार माने जा सकते हैं।

दीनदयालजी में एक विशेषता थी, वह यह कि अपने विचारों को वे स्पष्ट रूप से रख सकते थे। रखते थे और बेझिझक

रखते थे; परंतु उन्होंने कभी भी अपने आपको बढ़ाने की दृष्टि से या अपना बड़प्पन स्थापित करने की दृष्टि से न अपने लेखों में और न कभी अपने वक्तव्यों में प्रयत्न किया। बल्कि इसका बिलकुल उलटा था। मैं विभ्रम तो नहीं कहूँगा, यह शब्द शायद उचित नहीं होगा, लेकिन एक विरोधाभास सा था उनमें। एक, दीनदयालजी संघ की परंपरा में पले। अर्थात् प्रसिद्धि पराङ्मुख यानी मैं प्रसिद्धि नहीं चाहूँगा, एक तो इस परंपरा से वह बँधे थे। उनके ऊपर उस समय के सरसंघचालक पूज्य श्री गुरुजी का भी शायद प्रभाव होगा। जैसा हम सब जानते हैं, गुरुजी को प्रसिद्धि बिल्कुल पसंद नहीं थी, बल्कि कोई फोटो खींचता था तो भी उनको तकलीफ होती थी। एक बार उन्होंने बातचीत करते हुए कहा, "मुझे स्मरण है कि उनका 51वाँ जन्मदिन था। उस दिन फोटो वगैरह खिंचे।" फोटोग्राफर जब श्रीगुरुजी के पास गया, तो उन्होंने मुँह फेर लिया और 'टाइम्स ऑफ इंडिया' में छपा 'कैमराशाई लीडर।' उस पर श्रीगुरुजी ने कहा, मुझे मालूम नहीं क्यों, जब कोई तस्वीर लेता है तो तकलीफ क्यों होती हैं। उस परंपरा में पले हुए पंडित दीनदयाल उपाध्याय प्रसिद्धि पराङ्मुख थे। किंतु राजनीति क्षेत्र में कार्य करने की बाध्यता, प्रसिद्धि तो करनी ही पड़ेगी, समाचार तो देने ही पड़ेंगे, इस दो दिशाओं के बीच उनका एक अलग व्यक्तित्व उभरकर सामने आया था।

मुझे याद है, जब जनसंघ बना तो कुछ गहराई नहीं थी, बहुत हल्का था। आज जैसी कार्यसमिति भाजपा की होती है, 100-125 लोग बैठते हैं, उस समय तो 25-30 लोग भी मुश्किल से बैठते थे। छोटे से कमरे के अंदर मीटिंग हो जाती थी। उस समाचार में कुछ सार भी विशेष नहीं होता था।

कई बार आग्रह करता, "पंडितजी, यह समाचार अखबार को दे दें" तो वह कहते. "कोई जरूरत नहीं है, हम जो काम कर रहे हैं. वह कोई प्रचार के लिए नहीं कर रहे। हम तो ठोस काम करना चाहते हैं।" यानी उनकी अप्रोच यह थी कि काम करो, प्रसिद्धि की आवश्यकता नहीं है। मुझे स्मरण है कि जो सम्मेलन होते थे, उनमें कई दिनों तक पत्रकारों को नहीं बुलाया जाता था। जो मर्जी आएगी लिख देंगे, उनको नहीं बुलाना चाहिए। परंतु जब आडवाणोजी आ गए और आडवाणीजी तथा हम लोगों ने जोर डॉ.लकर कहा, तब पंडित दीनदयालजी ने इस बात को स्वीकार किया कि चीजें खुली होनी चाहिए।

यानी उनका यह विरोधाभास था कि एक तरफ उनकी बाध्यता थी अपना प्रचार करें, दूसरी ओर उनकी अपनी अप्रोच थी प्रसिद्धि पराङ्मुख। उनका कहना था, आखिरकार यह समाचार-पत्रों को देना या पत्रकार के रूप में कुछ कहना क्यों आवश्यक है। उनका कहना था. मैं जो भी कहता हूँ, लिखता हूँ या वक्तव्य देता हूँ। उसका एक उद्देश्य है। वह उद्देश्य यह है कि हम अपनी बात सीधी-सीधी नोंचे गाँवों तक पहुँचा सकें। इसलिए वे हमेशा कहते थे कि अंग्रेजी पत्रकारिता ठीक है, अंग्रेजी चलनी चाहिए, लेकिन प्रमुख रूप से हम लोगों को भारतीय भाषाओं के पत्रों पर ध्यान देना चाहिए। उनकी मुख्य अप्रोच यह थी कि उनकी भाषा में कहोगे तभी उनको समझ में आएगा। इसी वास्ते प्रायः वे अपना मूल समाचार या मूल वक्तव्य हिंदी में लिखते थे। वे अपने थैले में शब्दकोश रखते थे, अंग्रेजी शब्दों को जानने के लिए। प्रारंभ में उनको अंग्रेजी में लिखने में संकोच होता था, लेकिन आदमी में बुनियादी तौर से अपनी शक्ति होती है, बुद्धि होती है, चेतना होती है, उन्हें भी अंग्रेजी में लिखने

में कोई दिक्कत नहीं आई। अगर उनको दिक्कत होती तो क्या 'पॉलिटिकल डायरी" लिख सकते थे। लेकिन 'पॉलिटिकल डायरी" उन्होंने लिखी और अच्छी लिखी।

दूसरा एक और उनका कहना था कि पत्रकार से व्यक्तिगत संबंध रखना तो उपयोगी है, रखना चाहिए, परंतु उसका उपयोग सेल्फ प्रोजेक्शन के लिए न किया जाए। प्रायः वे लोगों से मिलने के लिए नहीं जाते थे। लेकिन मुझे याद आ रहा है कि 'नवभारत टाइम्स' के उस समय के संपादक अक्षय कुमारजी आदि से उनके बहुत अच्छे संबंध थे। यों होने को मानकेकरजी और लोगों से भी संबंध थे, परंतु मुख्यतः जो भारतीय भाषाओं के पत्रकार थे या ऐसे लोग थे, उनसे उनके संबंध थे।

एक-दो घटनाएँ ऐसी हैं, जो आनंददायक हैं। पहले रिवाज यह था, खासतौर से कांग्रेस में नेताओं का, किसी सभा में, किसी मीटिंग में देर से जाना। अकसर ऐसा होता था कि पत्रकार सम्मेलन के लिए पत्रकार तो आ जाते थे, नेता बाद में पहुँचता था। दीनदयालजी ने इसको बदल दिया। उन्होंने कहा, 'नहीं, अगर समय की पाबंदी हम नहीं करेंगे तो कौन करेगा? हम जाकर समय से बैठ जाएँगे और यदि रुकना पड़े तो हम उनकी प्रतीक्षा कर सकते हैं, लेकिन वे हमारी प्रतीक्षा करें, यह उचित नहीं है।' मुझे याद है कि उस समय एक छोटा सा कार्यालय अजमेरी गेट पर था, वहाँ पत्रकार सम्मेलन हो हो नहीं सकते थे। किसी होटल में पत्रकार सम्मेलन होता था। अब मेरे सामने मुश्किल होती थी कि दीनदयालजी पहले पहुँच जाते थे। उन्हें कहाँ बिठाएँ, क्या करें, तब होटल के मैनेजर वगैरह से कहकर उन्हें एक अलग कमरे में बिठाने की व्यवस्था करनी पडती थी, लेकिन जैसे ही समय हुआ,

वे जाकर मेज पर बैठ जाते थे। जो दो-चार पत्रकार आते थे. कहते थे कि पंडितजी अभी ठहर जाइए, आने दीजिए तब शुरू करेंगे। पत्रकारों के आने पर बे शुरू करते थे। ऐसी थी दीनदयालजी की समय की पाबंदी और पत्रकारों के साथ उनका व्यवहार।

उस समय एक और घटना आम थी। आमतौर पर परस्पर परिचय नहीं होता था। आज सब पत्रकार जानते हैं, शायद ही कोई पत्रकार परिचय देता हो, क्योंकि संख्या भी ज्यादा होती है, पर कभी-कभी पूछ लेते हैं कि आप कौन प्रश्न कर रहे हैं, अपना नाम और पता बता दीजिए। परंतु उस समय एक रीति थी। डॉ.यरेक्ट जानकारी होती थी कि कौन-कौन हैं, किस पत्र से, सब जाते थे। वेंगर रेस्त्राँ में पत्रकार सम्मेलन था। अधिकतर ऐसे पत्रकार थे, जिनको मैं पहचानता था। एक और सज्जन थे, उनको भी मैं पहचानता था, मैंने कहा, “पंडितजी इनका ही परिचय करा दूँ।" वे बोले, “क्यों?” मैंने कहा "इंटेलीजेंस का आदमी है।" कहने लगे, ‘नहीं’ चुप रहो।" नंबर आया, सबका परिचय हो गया। कहने लगे कि एक हमारे और विशेष मेहमान हैं, आप इंटेलीजेंस के हैं। आप जब जाएँ तो हैंड आउट लेते जाइएगा। पंडितजी ने ही रोका, ऐसे नहीं, जरा इनको ठीक करने दो, समय से इनको देंगे।

जैसा मैंने निवेदन किया, पंडितजी वैसे पत्रकार नहीं थे, जिन्हें स्थापित कहा जा सकता हो। अगर पंडित दीनदयालजी ने कभी किसी बात पर टिप्पणी कर दी. ‘पॉलिटिकल डायरी” में करते थे तो पत्रकार बन जाते थे। सीधा-सीधा लिखते तो पत्रकार नहीं थे। लेकिन मैं कई बार कहा करता हूँ कि दीनदयालजी की हत्या हो गई। अभी कली के रूप में थे, फूल बनने से पहले मुरझा गए। उनके जो विभिन्न आयाम

थे, जिनमें पत्रकारिता भी प्रमुख होती, वे सामने नहीं आ सके। अगर आती तो शायद आज की पृष्ठभूमि में भी जो पत्रकारिता है, उसमें कुछ ऊँचा स्थान प्राप्त कर सकते थे। यह नहीं है कि वे कहीं कमाई करते, इसका तो सवाल ही नहीं उठता। लेकिन समाचार क्या है, कब है, कैसे देना है, आदि की उनकी जानकारी और पकड़ बहुत थी। वे कई बार अपना वक्तव्य लिखते हुए इंट्रो बना देते थे। वे कहते थे कि जो मुख्य समाचार है, वह सीधा-सीधा ऊपर आना चाहिए, बाद में और कुछ लिखना चाहिए।

एक बात और है, वे कई बार हिम्मत के साथ बात कहना चाहते थे। पंजाबी सूबे का आंदोलन चल रहा था और उस समय पंजाब के नेताओं का आग्रह था कि जो गैर सिक्ख-हिंदू हैं, वे अपनी भाषा पंजाबी न लिखकर अपनी भाषा हिंदी लिखें। पंडितजी अंदर-अंदर यह समझाते थे कि वे क्या कर रहे हैं। लेकिन जब एक बार गुरुजी ने इशारा कर दिया, तो दीनदयालजी ने हिम्मत के साथ लिखित वक्तव्य दिया कि यह गलत है। पंजाबी भाषा हर पंजाबी की है। इसी प्रकार से पूना में वर्किंग कमेटी की एक मीटिंग थी, उस समय समाजवाद का बड़ा जोर था। यद्यपि बाद में जनसंघ ने अपनी नीति में थोड़ा परिवर्तन किया। दीनदयालजी ने समाजवाद का विरोध अपनी प्रेस कॉन्फ्रेंस में किया। मैंने कहा, “पंडितजी, आप क्या कर रहे हैं।" आकर बोले, “जो सच्ची बात है, और जो हम महसूस करते हैं, उसको उसी समय कहना चाहिए, जिससे एक विवाद खड़ा हो जाए। विवाद में से ही समाचार बनता है।" वे मानते थे कि यदि विवाद है तो विवाद का सहारा लेकर अपनी बात और जोर से कहनी चाहिए।

प्रसिद्धि पराङ्मुखता से अपना जीवन आरंभ करके एक सामान्य पत्रकार के रूप में पंडितजी ग्रेजुएशन करते चले गए। और अंत में हर रिश्ते में पूर्णरूपेण उनका एक पत्रकार का व्यक्तित्व उभरकर आ गया था, लेकिन यदि कली के रूप में उनको तोड़ा न जाता तो मैं समझता हूँ कि दीनदयालजी आज हमारा मार्गदर्शन करते हुए पत्रकार जगत् में एक मान्यता प्राप्त करते। हाँ, यह जरूर है कि उस समय इलेक्ट्रॉनिक मीडिया नहीं था, इलेक्ट्रॉनिक मीडिया ने आज की सारी स्थिति को बदल दिया है, परंतु अगर वे जीवित होते तो शायद उसका भी मुकाबला कर लेते।

(1921 में उत्तरप्रदेश में जन्मे जगदीश प्रसाद माथुर 1942 में संघ के स्वयंसेवक और 1945 में प्रचारक बने। दीनदयालजी के निकट सहयोगी रहे माथुर जनसंघ से भाजपा तक विभिन्न दायित्वों पर रहे।)

अपनी ही श्रेणी का रचनाकार

- ब.ना. जोग

पंडित दीनदयाल उपाध्याय एक बहुआयामी व्यक्तित्व थे। वे पत्रकार थे। उन्होंने पत्रकार जीवन की शुरुआत 'पाञ्चजन्य' साप्ताहिक तथा 'राष्ट्रधर्म' मासिक से की थी। कुछ दिन पश्चात् भारतीय जनसंघ की स्थापना हुई और पंडितजी के कंधों पर उसका दायित्व आया। उस कारण उनका वृत्तपत्र के कार्यालय से जुड़ा रहना संभव नहीं था।

उनकी जीवनी का मंत्र चरैवेति रहा। संस्कृत कहावत है कि चराति चरतो भगः, अर्थात् भ्रमण करने वालों का भाग्यचक्र भी भ्रमण करता है। जनसंघ का भाग्यचक्र उनके भ्रमण से गतिमान हुआ। फिर भी पंडितजी आखिर तक पत्रकार रहे। प्रवास में भी उनका लेखन चलता था। ऑर्गेनाइजर, पाञ्चजन्य, विवेक साप्ताहिक पत्रों में वे अपने विचार लिखते थे।

पत्रकारों के विविध प्रकार हैं। कुछ पत्रकार समय-समय पर जो समस्याएँ उत्पन्न होती हैं उस पर अपने विचार प्रकट करते हैं। कुछ पत्रकार दलगत अभिनिवेश से प्रत्येक घटना

की ओर देखते हैं और अपने विरोधी पर विचार स्थनेवाले दल पर जमकर हमला करते हैं। कुछ पत्रकार ऐसे हैं, जो जैसा मालिक चाहेगा, वैसा लिखते हैं। उनकी भूमिका वकील जैसी होती है, जिसका वकालतनामा लिया, उसको बचाने के लिए उसको झूठ करके अदालत में रखा।

पंडित दीनदयालजी इन पत्रकारों से सब प्रकार से अलग थे। उनके लिए व्यक्ति, दल, तात्कालिक, नफा-नुकसान का कोई महत्व नहीं था। पत्रकारिता को ये धर्म मानते थे और सही रास्ते पर चलना, सही बरताव करना, सही भाषा बोलना ये बातें उनके लिए सर्वप्रथम भी देश का हित, जनता का कल्याण, अवको आर्थिक स्वास्थ्य स्वदेश में स्वभाषा का महत्त्व, देश को सुरक्षा आदि राष्ट्रको संपन्न, समृद्ध, समर्थ, स्वयंपूर्ण बनाने वाले विषयों का उनके मन में, आचार में, लिखने में सर्वोपरि स्थान था।

हम जब पत्रकार दीनदयाल का विचार करते हैं, तब यदि हमने एक दीनदयाल राजनैतिक नेतृत्व करनेवाले, दूसरे दीनदयाल संघ के स्वयंसेवक, तीसरे दीनदयाल अर्थपंडित, चौथे दीनदयाल चुनाव लड़ाने वाले, पाँचवें दीनदयाल जनसंघ के अध्यक्ष, छठे दीनदयाल पत्रकार जैसे। अलग-अलग दीनदयाल की कल्पना की तो वह बड़ी गलती होगी। एकात्म मानव दर्शन में व्यष्टि, समष्टि, सृष्टि और परमेष्टी-इन चार पहलुओं से मिलकर मानव बनता है और एक पहले-दूसरे का पूरक है। उसी प्रकार दीनदयालजी का व्यक्तित्व इन सब पहलुओं से मिलकर बना है। उन्हें एक-दूसरे से अलग करना असंभव है।

दीनदयालजी स्वयं के सोचने का जो नमूना पेश करते हैं, उसमें पत्रकारिता का आदर्श भी अंतर्निहित है। ' राष्ट्रचिंतन'

ग्रंथ में उन्होंने जो चिंतन किया है, उसका निहितार्थ इस प्रकार है-इस शताब्दी के पहले अर्धशतक में जो आंदोलन हुए, उनका अगर विचार किया जाए तो ऐसा दिखता है कि जिन तत्त्वों के आधार पर हमने अपनी राजकीय प्रणाली खड़ी की है, उस आधार का हम भरोसा नहीं कर सकते। भारतीय राजनीतिज्ञों की सबसे बड़ी गलती यह है कि वे देश में भिन्न-भिन्न वर्गों का स्वतंत्र अस्तित्व मानकर चलते हैं। स्वतंत्र अस्तित्व मानकर उन सब वर्गों का उपयोग राष्ट्रहित के लिए करने का प्रयत्न करते हैं। समाज जीवन में भिन्न-भिन्न वर्गों का अस्तित्व मानने की गलती करके राजकीय समस्याओं का निराकरण करने का प्रयत्न ही आज तक हुआ है। यह गलत रास्ता अपनाने से कोई भी समस्या हल नहीं हो सकती।

जब यहाँ अंग्रेजों का राज्य था, तब हमने माना कि इस देश में मुसलमान, ईसाई जैसे अनेक वर्गों का अस्तित्व है। उनके स्वतंत्र अस्तित्व का रक्षण करके ही उनमें राष्ट्रीयता का भाव निर्माण होगा। वस्तुतः राष्ट्रीयता के स्तर पर उनका स्वतंत्र अस्तित्व मानना एक बड़ी गलती है। इसी प्रकार की गलती भाषा तथा आर्थिक आधारों पर भी हुई है। प्रत्येक अलग वर्ग का तुष्टीकरण करने का प्रयास करना मिथ्या राजनीति बनी है। सत्य यह है कि समूचा भारत एक है। भारत की जनता एक है। इस एकता का अनुभव प्रत्येक भारतीय को होना चाहिए। अवयव जोड़कर शरीर नहीं बनता, अवयव शरीर के अभिन्न अंग हैं। स्वाभाविक रूप से अवयव स्वतः के लिए प्रयत्नशील रहते हैं, ऐसा एकात्म भाव राजनीति की आधारशिला बननी चाहिए। जब तक अलगपन की भावना नष्ट होकर एकात्म भाव की नींव पर अपनी राजनीति खड़ी नहीं होती, तब तक देश और जनता के हित का सही

मार्गदर्शन होना संभव नहीं है। दीनदयालजी की पत्रकारिता ऐसे एक सुदृढ़ समाज और देश की ओर बढ़ने का प्रयास थी। इस परिप्रेक्ष्य में उनके विचारों की दिशा और हर प्रश्न का उनका विश्लेषण देखना होगा।

स्वतंत्र भारत में भाषा एक विशेष प्रश्न बन गई, क्योंकि प्रधानमंत्री पं. नेहरू अंग्रेजी भाषा के पक्षपाती थे। हिंदी तथा अन्य भारतीय भाषाओं को उनका उचित स्थान देने से वे हिचकिचाते थे। इतना ही नहीं, वे हिंदी तथा अन्य भारतीय भाषाओं का मजाक उड़ाते थे। उस समय के केंद्रीय शिक्षा मंत्री मौलाना अबुल कलाम आजाद संस्कृतनिष्ठ हिंदी पर बडी आपत्ति करते थे। हिंदी भाषा में नए शब्द निर्माण करना असंभव है, ऐसा मानकर प्रधानमंत्री तथा शिक्षा मंत्री अंग्रेजी शब्दों का ही उपयोग करने के दुराग्रही थे। पं. नेहरू ने न केवल हिंदी को, अपितु सब देशी भाषाओं को Dustbin (कचरा पात्र) में फेंक दिया और उनमें नव निर्माण की शक्ति होने को बिलकुल नामंजूर कर दिया।

दीनदयालजी की दृष्टि में स्वभाषा स्वातंत्र्य का प्राणतत्त्व थी। जिन भाषाओं के आधार पर अपना पूरा समाज सहस्रों वर्ष सांस्कृतिक जीवन का अनुभव कर रहा था, उन भाषाओं के प्रति देश के प्रधानमंत्री इतनी दुश्मनी करें, यह बात तो दीनदयालजी के लिए बहुत पीड़ादायक हुई। किसी भी हालत में हिंदी और सब देशी भाषाओं को सुप्रतिष्ठित स्थान देना दीनदयालजी का लक्ष्य था। यह लक्ष्य न तात्कालिक था, न दलगत अभिनिवेश था। दीनदयालजी ने लिखा, "पं. नेहरूजी को संस्कृत नहीं चाहिए, इस कारण अगर हमने संस्कृत का त्याग किया तो अन्यान्य देशी भाषाओं की विविध विषयों की पारिभाषिक शब्दावली क्या रहेगी? अंग्रेजी भाषा हो रखनी है या सामान्य नागरिक के लिए देशी भाषाओं में नए

शब्दों का निर्माण करना है? जो अंग्रेजी शब्द सदियों से देशी भाषाओं में सहजता से प्रचार में हैं, उन्हें सीमापार करने का किसी का आग्रह नहीं है। फिर भी यह भूलना नहीं चाहिए कि विधिशास्त्र, विज्ञानशास्त्र जैसे विषयों में नए-नए शब्द निर्मित करने होंगे।"

अगर ऐसा नहीं किया तो क्या अवस्था होगी, देखिए-अंग्रेजी के 'जज' शब्द का प्रयोग किया जा सकता है, लेकिन 'जज' शब्द से निकलनेवाले और शब्दों का ज्ञान कितने लोगों को है? ज्यूडिशिअरी, जस्टिफाय, जस्टिफिकेशन, जुरी, ज्यूरर, जुरिसडिक्शन, जुरिडिकल, जूरिस्ट, जूरिस्प्रूडेंस ऐसे अनेक शब्द क्या हम ज्यों-के-त्यों देशी भाषाओं में ला सकते हैं? अगर आपको हिंदी तथा अन्य भाषाई राज्यों को अधिकृत भाषाएँ बनानी हैं तो सरकारी, विधायी और प्रशासनिक आदि कार्यों के विषयों में सब शब्दों का रूपांतर उनमें करना अनिवार्य है। ऐसा सब शब्द मूल संस्कृत भाषा से ही लेने पड़ेंगे। ऐसे करने में फिर डॉ. रघुवीर जैसे विद्वानों का क्या दोष है? शब्द लोकभाषाओं से उक्रांत होते हैं, यह बात सच है, लेकिन कुछ शब्दों के बारे में यह सच नहीं है। देखिए, गवर्नर के लिए लाठ साहब, वायसराय के लिए बड़ा लाठ शब्द हिंदी में रूढ़ हैं, क्या वही शब्द चालू रखें या राज्यपाल, राष्ट्रपति जैसे नए देशी शब्दों का उपयोग करना चाहिए। लोकसभा, राज्यसभा जैसे शब्द नेहरूजी के अनुसार यंत्रों से निकले हैं। फिर भी इन शब्दों का उपयोग आमतौर पर होता है। पं. नेहरू संस्कृतनिष्ठ हिंदी से दुश्मनी करते थे और जान-बूझकर उर्दूनिष्ठ हिंदी का यानी हिंदुस्तानी का प्रोत्साहन तथा उपयोग करते थे।

दीनदयालजी इस संबंध में लिखते हैं, "हिंदुस्तानी न सरल भाषा है, न सामान्य मनुष्य द्वारा समझी जानेवाली भाषा है।

गांधीजी ने मुसलमानों को प्रसन्न करने के लिए हिंदी और उर्दू भाषा का मिश्रण करके हिंदुस्तानी नामक कृत्रिम भाषा का निर्माण किया। पं. नेहरू की हिंदी विंध्याचल पर्वत के पार किसी को समझ में नहीं आती और मौलाना आजाद की हिंदी उत्तर प्रदेश में भी नहीं समझी जाती।" संक्षेप में कहा जाए तो गांधीजी ने भाषा के विषय में भी राजनीतिक चाल अपनाई। दीनदयालजी को भाषा में भी राष्ट्रहित अपेक्षित था। उन्होंने यह परवाह नहीं की कि मुसलमान रुष्ट हो जाएँगे और जनसंघ को वोट नहीं देंगे।

दीनदयालजी निर्भीक और केवल देशहित का विचार करनेवाले पत्रकार थे। उन्होंने संरक्षण, अन्न-स्वावलंबन, खेती आदि विविध विषयों विपुल लेखन किया। यह सब लेखन मूलगामी विचार व्यक्त करनेवाला नमूनों के लिए अनाज समस्या और परकीय सहाय के संबंध में दीनदयालजी जो विचार देश के सामने रखे, वे देखें- सन् 1960 में देश में अनाज की बहुत ही कमी थी। तब अमेरिका से पी.एल. 480 के अंतर्गत गेहूँ और चावल आयात करना भारत सरकार ने तय किया। उस समय के खाद्य मंत्री स.का. पाटिल अमेरिका गए। प्रतिदिन एक जहाज अनाज अमेरिका से भारत भेजने का समझौता हुआ। सरकारी प्रचार तंत्र ने खाद्यान्न मंत्री की सराहना में ढोल पीटे। दीनदयालजी एक भिखारी सरकार का यह तमाशा देख रहे थे। उन्होंने लिखा, "खाद्य मंत्री का. पाटील का स्वागत हम अवश्य करेंगे, लेकिन अभी नहीं, जब तक पाटील देश में अनाज का उत्पादन इतना बढ़ाएँगे कि उन्हें हाथों में भीख का कटोरा लेकर संसार में घूमनेवाला आखिरी खाद्य मंत्री कहा जाएगा।" अमेरिका में अनाज का उत्पादन इतना ज्यादा होता है कि उसने 38 देशों में उसे भेजना शुरू किया है। इसमें भारत एक है। 1954 ई. में पी.एल. 480 शुरू हुआ।

इसका प्रमुख कारण अमेरिका के अनाज उत्पादकों को अनाज की बिक्री में सहायता करना था।

हमने अमेरिका से 1067 करोड़ रुपए का अनाज खरीदने का पैक्ट किया है। इसका सीधा मतलब यह है कि हम अपने कृषकों को भूखा मारकर अमेरिकी किसानों को सधन बना रहे हैं। इतने अनाज का आयात करने से देश का किसान उदासीन होगा और सरकार अपने देश में अनाज पैदा करने को दोयम स्थान देगी। अमेरिका से किए गए पैक्ट में एक और बड़ी आपत्ति यह है कि अमेरिका के अलावा अधिक अनाज पैदा करनेवाले अन्य देशों से भी अनाज खरीदने की गारंटी भारत ने दी है, क्योंकि उन देशों के अनाज को भी मार्केट मिलेगा। अगर यह अनाज भी अपने देश में आएगा तो यह अपने किसानों पर बड़ी विपदा होगी।

ऐसे बहुत सारे विषयों पर दीनदयालजी पत्रकार के नाते प्रकाश डॉ.लते थे और पाठकों को बताते थे कि ऊपर से दिखनेवाली सीधी-सादी घटनाएँ देश पर कितना गंभीर परिणाम करनेवालो हैं। जनता को सुबुद्ध करना, प्रबुद्ध करना, जाग्रत् करना, कार्यप्रवृत्त करना और देश को समृद्ध करना दीनदयालजी का लक्ष्य था। वे दूरदर्शी थे और अतींद्रिय दृष्टि से भविष्य की घटनाओं को ओर देखते थे।

सन् 60-61 में यह चर्चा बड़ी तेज थी कि नेहरू के बाद कौन? दीनदयालजी उस समय 'विवेक' के कार्यालय में आए थे। थोड़ी सी चर्चा के बाद उन्होंने मुसकराते हुए और बड़े आत्मविश्वास से कहा, "भई, स्वयं को इतना तंग क्यों करते हो? अगर कोई सामने नहीं आया तो अपना संघ है न। संघ के सिवाय देश का और कौन भला कर सकता है?"

गत चालीस सालों में ऐसे अनेक प्रसंग आए, जब जनता ने राष्ट्रीय स्वयंसेवक संघ का ही सहारा लिया। चाहे इमर्जेंसी रही हो, चाहे श्रीराम मंदिर का प्रश्न हो या गोधरा हो, संघ परिवार ही आगे आया। दीनदयालजी इस पीढ़ी के पत्रकार नहीं थे, न इस शताब्दी के थे। वे तो उन महापुरुषों में से एक थे, जिन्होंने राष्ट्र मंदिर की नींव डॉ.ली है। उनका स्मरण देशवासियों को अनंतकाल तक होता रहेगा।

(ब.ना. जोग (बलवन्त नारायण जोग) 'विवेक' साप्ताहिक पत्रिका के संपादक रहे है। मुस्लिम समस्या पर उनकी पुस्तक 'भारत का यक्ष प्रश्न प्रसिद्ध है। आप मुंबई के निवासी है।

पत्रकारिता व राजनीति में संस्कृति के राजदूत- दीनदयाल उपाध्याय

- धर्मनारायण जोशी

पंडित दीनदयालजी का जन्म 25 सितम्बर 1916 को जयपुर-अजमेर रेलमार्ग पर धानक्या गाँव में उनके नाना स्टेशन मास्टर चुन्नीलालजी के घर पर हुआ। पंडितजी के पिताजी श्री भगवती प्रसादजी मथुरा जिले के नगला चन्द्रभान के निवासी थे। जन्म से साढ़े छह वर्ष के अन्दर ही पहले पिताजी का व उनके बाद माताजी का देहान्त हो गया। बचपन में संकटों का पहाड़ टूट पड़ा। पंडितजी का लालन-पालन ननिहाल में मामा श्री राधारमण शुक्ल के यहाँ राजस्थान के गंगापुर सिटी में हुआ। एक छोटा भाई शिवदयाल था। वह भी चल बसा। परिवार में आप अकेले रह गये। ऐसी विकट परिस्थियों में आप पलकर बड़े हुए। राजस्थान बोर्ड की मैट्रिक की परीक्षा में आप प्रथम श्रेणी से उत्तीर्ण हुए। बोर्ड ने आपको स्वर्णपदक प्रदान किया। पिलानी से इन्टर की परीक्षा भी प्रथम श्रेणी से उत्तीर्ण कर पुनः आपको स्वर्णपदक प्राप्त हुआ। इलाहाबाद से बी. ए. भी प्रथम श्रेणी से उत्तीर्ण की। इस प्रकार हम

उनके जीवन से यह प्रेरणा ले सकते हैं कि चाहे परिस्थियाँ प्रतिकूल हों, मगर परिश्रम से परिणाम अनुकूल आ सकते हैं।

विद्यार्थी जीवन में आप की मित्रता श्री सुन्दरसिंह भण्डारी से हो गई थी। सन् 1937 में आपका संबंध राष्ट्रीय स्वयंसेवक संघ से हुआ और मकर संक्रान्ति के पर्व पर पण्डितजी ने संघ की प्रतिज्ञा ली। आपको संघ में लाने का श्रेय श्रद्धेय भाऊरावजी देवरस को है। सन् 1942 में घर-बार छोड़कर गृह त्यागी जीवन प्रारम्भ किया संघ के प्रचारक बने। इसके पश्चात् 1947 में उत्तर-प्रदेश के सह-प्रान्त-प्रचारक के नाते आपकी नियुक्ति हुई।

पत्रकारिता के पुरोधा

सन् 1947 में "राष्ट्रधर्म" प्रकाशन की स्थापना हुई। संपादक के रूप में 'पांचजन्य' साप्ताहिक तथा दैनिक 'स्वदेश' में आप सम्पादकीय और समसामयिक लेखों यथा भारत की राष्ट्रधारा का पुण्य, भारतीय राजनीति की मौलिक भूलें, राष्ट्र जीवन की समस्याएँ, भारतीय संविधान पर एक दृष्टि आदि आपके द्वारा निरन्तर लिखे लेखों ने जनमानस व कार्यकर्ताओं के लोक शिक्षण के साथ-साथ सुदृढ़ वैचारिक आधार प्रदान किया और भारत की राजनीति में हलचल मचा दी। इसी कालखण्ड में दीनदयालजी की दो पुस्तकें प्रकाशित हुई 'जगद्गुरु शंकराचार्य' तथा 'सम्राट चन्द्रगुप्त'। इन रचनाओं से बहुत कुछ कल्पना की जा सकती है कि राजनीति में प्रवेश करने के पूर्व दीनदयालजी के विचारों की दिशा क्या थी और उनका मानसिक स्तर कितना उन्नत था।

भारतीय जनसंघ की स्थापना

भारतीय जनसंघ का जन्म 1951 में जिन परिस्थियों में हुआ उसे जानना जरूरी है। डॉ. मुखर्जी उस समय रा.स्व.सं. के सरसंघचालक श्रीगुरुजी से मिलने गये। उनसे कहा कि मैं इस प्रकार का दल प्रारम्भ करने जा रहा हूँ जो हिन्दुस्तान की राजनीति को भारतीय संस्कृति, भारतीय मर्यादाओं के आधार पर खड़ा करेगा। मुझे आपका समर्थन और आशीर्वाद चाहिए। सन् 1951 में कुछ प्रचारकों से राजनीति क्षेत्र में कार्य करने को कहा गया। इस प्रकार दीनदयालजी, अटलबिहारीजी वाजपेयी, सुन्दरसिंहजी भण्डारी, कुशाभाऊ ठाकरेजी, नानाजी देशमुख, जगन्नाथ रावजी जोशी आदि जनसंघ में काम करने हेतु राजनीति में आये।

21 अक्टूबर, 1951 को भारतीय जनसंघ की स्थापना हुई। जनसंघ का प्रथम अधिवेशन 1952 में कानपुर में हुआ। उस समय जनसंघ के अखिल भारतीय महामंत्री के रूप में पं. दीनदयालजी के नाम की घोषणा की गई, 1952 में पहले आम चुनाव में लोकसभा के लिए 3 सदस्य चुने गये। 1953 में ही डॉ. मुखर्जी काश्मीर आन्दोलन का नेतृत्व करते हुए गिरफ्तार हो गये। 23 जून की रात्रि में रहस्यमय परिस्थितियों में उनकी मृत्यु हो गयी। पार्टी के सामने विकट स्थिति पैदा हो गई। पार्टी का सारा दायित्व दीनदयालजी के कन्धों पर आ गया। उनके मार्गदर्शन में जनसंघ 1952 से 1967 तक के हर चुनाव में प्राप्त मतों के प्रतिशत में एवं लोकसभा व विधानसभा में मिले स्थानों के अनुपात में लगातार आगे बढ़ता रहा। अपने अथक परिश्रम से उन्होंने संगठन को सींचा।

कार्य विस्तार के लिए तपस्वी जीवन

उस कर्मयोगी को कितनी कठिनाइयों का सामना करना पड़ा था उसकी कल्पना आज नहीं की जा सकती। आज उनको सुनकर लोगों को आश्चर्य होगा कि गोलाकोकर्णनाथ के लोगों ने उन्हें भड़भूजे की दुकान से चने खरीद कर उन्हीं पर कई दिन तक जीवन-निर्वाह करते देखा था। मुहम्मदी के लोगों ने दुकान के बाहर की पटरी पर रात बिताते देखा था। स्टेशन से गांव जाने के लिए तांगेवाला 2 पैसा अधिक मांग रहा था, तो उस पर भारी वर्षा में दीनदयालजी को भीगते हुए गांव जाते हरदोई के लोगों ने देखा था। आगे चलकर जीवन में अनुकूलता प्राप्त होने के बाद भी उनका जीवन सादगीपूर्ण बना रहा। अपने कपड़े वे स्वयं धोया करते थे और अपने फटे पुराने कपड़ों की सिलाई भी वह स्वयं करते थे। कोई भी चप्पल या कपड़ा जब तक पहनने के लिए बिल्कुल अयोग्य नहीं हो जाता, तब तक उसे बदलते नहीं थे। स्वदेशी का आग्रह उन्होंने जीवनभर आचरण में उतारा था। समाज के धन का उपयोग न्यासी की भाँति फूंक-फूंक कर करते थे। बिल्कुल छोटे-मोटे काम वे पूर्ण उत्साह से किया करते थे। 'राष्ट्रधर्म' का काम देखते समय उन्होंने कई बार कम्पोजिंग, बाइंडिंग तथा डिस्पैचिंग का काम भी स्वयं किया था। बिना फल की इच्छा रखते हुए कार्य करना यह उनका स्वभाव था।

राजनीति में संस्कृति के राजदूत

1952 में कानपुर जनसंघ के प्रथम अधिवेशन में दीनदयाल उपाध्याय इस नवीन दल के महामंत्री निर्वाचित हुए। अपनी वैचारिक क्षमता को उन्होंने प्रथम अधिवेशन में ही प्रकट किया। कुल 15 प्रस्ताव इस अधिवेशन में पारित हुए, जिनमें से सात अकेले दीनदयाल उपाध्याय ने प्रस्तुत किए। डॉ.

श्यामा प्रसाद मुखर्जी नव निर्वाचित महामंत्री दीनदयाल उपाध्याय से पूर्व परिचित नहीं थे लेकिन कानपुर अधिवेशन में उन्होंने उपाध्याय की कार्यक्षमता, संगठन कौशल एवं गहराई से विचार करने के स्वभाव को अनुभव किया। उसी आधार पर उन्होंने यह प्रसिद्ध वाक्य कहा- "यदि मुझे दो दीनदयाल और मिल जाएं तो मैं भारतीय राजनीति का नक्शा बदल दूँ।"

इस नूतन राजनीतिक दल की भूमिका के विषयों में उन्होंने कहा - "भारतीय जनसंघ एक अलग प्रकार का दल है। किसी भी प्रकार सत्ता में आने की लालसा वाले लोगों का यह झुंड नहीं है। जनसंघ एक दल नहीं वरन् आंदोलन है। यह राष्ट्रीय अभिलाषा का स्वयंस्फूर्त निर्झर है। यह राष्ट्र के नियत लक्ष्य को आग्रहपूर्वक प्राप्त करने की आकांक्षा है।" दीनदयाल उपाध्याय राजनीतिक अनुभव एवं आयु में नितांत छोटे थे, लेकिन आत्मविश्वासी तथा अपने सांगठनिक ध्येय के बारे में बहुत स्पष्ट थे। वे भोले दिखते थे, पर ऐसे थे नहीं।

दीनदयाल उपाध्याय ने प्रथम कानपुर अधिवेशन से ही जनसंघ की कमान संभाल ली थी तथा वैचारिक दृष्टि से जनसंघ के चरित्र को स्पष्ट करने वाला "सांस्कृतिक पुनरुत्थान' प्रस्ताव उन्होंने रखा था।" जनसंघ का मत है कि भारत तथा अन्य देशों के इतिहास का विचार करने से यह सिद्ध होता है कि केवल भौगोलिक एकता, राष्ट्रीयता के लिए पर्याप्त नहीं है। एक देश के निवासी जन एक राष्ट्र तभी बनते हैं जब वे एक संस्कृति द्वारा एकरूप कर दिये गए हों।

हिन्दू समाज को चाहिए कि विदेशी धर्मावलम्बियों को स्नेहपूर्वक आत्मसात कर लें। केवल इसी प्रकार साम्प्रदायिकता का अंत हो सकता है और राष्ट्र का एकीकरण तथा दृढ़ता निष्पन्न हो

सकती है। उपाध्याय ने मुस्लिम व ईसाइयों के लिए 'हिन्दू समाज' के ही अपने उन 'अंगो' शब्द का प्रयोग किया तथा उन्हें भारतीय जनजीवन का अंग स्वीकार किया है। परोक्षतः यह स्वीकार किया है कि मुस्लिम समाज को पृथक करने में हिन्दू समाज का कोई अपना भी दोष है जिसे अब ठीक करना चाहिए। अर्थात् उन्हें स्नेह व आत्मीयता प्रदान करनी चाहिए। तभी मुसलमानों की साम्प्रदायिकता की समस्या का समाधान होगा। मुसलमानों अथवा ईसाइयों की अलग संस्कृति और उसके संरक्षण के विचार के तथा अल्पसंख्यक बहुसंख्यक विचार को वे राष्ट्र के लिए विभेदकारी तथा साम्प्रदायिक विचार मानते थे। 1964 में राजस्थान राष्ट्रीय स्वयंसेवक संघ का ग्रीष्मकालीन संघ शिक्षा वर्ग उदयपुर में हो रहा था। अपने बौद्धिक वर्ग में उन्होंने कहा "स्वयंसेवक को राजनीति से अलिप्त रहना चाहिए जैसे कि मैं हूं।" यह वाक्य पहेली सरीखा था। अतः रात्रि में प्रश्नोत्तर के सत्र में उनसे सवाल पूछा गया, आप एक राजनीतिक दल के अखिल भारतीय महामंत्री है, आप राजनीति से अलिप्त कैसे हैं? दीनदयालजी ने जवाब दिया कि, "मैं राजनीति के लिए राजनीति में नहीं हूं वरन् मैं राजनीति में संस्कृति का राजदूत हूँ। राजनीति का संस्कृति से शून्य हो जाना अच्छा नहीं है।"

अपने वरिष्ठ अधिकारियों एवं मित्रों के दबाब में उन्होंने जौनपुर लोकसभा चुनाव हेतु संयुक्त विपक्ष का प्रत्याशी होना अनमने मन से स्वीकार किया। हालांकि उपाध्याय हारे थे, लेकिन जौनपुर निर्वाचन क्षेत्र के लोग आज भी उन्हें तथा उस चुनाव को याद करते हैं। उपाध्याय ने इस चुनाव को अपने सिद्धान्तवादी व्यवहार की प्रयोगशाला के रूप में बदल दिया था। पारम्परिक रूप से जौनपुर निर्वाचन क्षेत्र, राजपूत व ब्राह्मण जातिवाद के आधार पर लड़े जाने वाले चुनावों

की रंगभूमि रहा है। कांग्रेस ने राजपूतवाद का पूरी तरह से सहारा लिया। राजपूतवाद का प्रतिवाद वहां ब्राह्मणवाद से ही किया जा सकता था। स्थानीय लोगों ने जब इस प्रकार का प्रयत्न करना चाहा, दीनदयालजी अपने समर्थकों पर बिगड़े तथा कहा- "इस प्रकार चुनाव जीतने की कोशिश की गई, तो मैं चुनावों से हट जाऊँगा। विपक्ष के विषय में उन्होंने कहा, विजयी व्यक्ति को सबसे पहली बधाई मेरी ओर से मिलनी चाहिए। मैं लिख देता हूँ, तुम किसी से भेज दो" मित्रों के आश्चर्य करने पर उन्होंने कहा, "यह तो हमारी परम्परा है कि विजयी प्रत्याशी को पहली बधाई उसका प्रतिद्वंद्वी ही दे। आखिर हमारे राजनीति में आने का क्या उपयोग? यदि हम भी लोकतंत्र की स्वस्थ परम्परा का निर्माण नहीं कर पाए।"

जनसंघ एवं संघ के प्रति जवाहरलाल नेहरूजी का व्यवहार कटुतापूर्ण था लेकिन दीनदयालजी ने अनेक अवसरों पर उनके प्रति जो व्यवहार किया वह भी उनके सांस्कृतिक राजदूतत्व को ही रेखांकित करता है। एक अवसर पर उपाध्यायजी ने कहा- "हमारी पं. नेहरू के साथ चाहे जितनी मतभिन्नता हो और चाहे जितना हम उनकी नीति के विरोध में आंदोलन चला रहे हों मैं अपने प्रधानमंत्री को, जिस समय वे विदेशयात्रा पर गए हुए हैं, विश्वास दिलाता हूँ कि भारतीय जनसंघ की सद्भावनाएं एवं पूर्ण समर्थन इस समय उनके साथ है।"

महाराष्ट्र जनसंघ में पुराने कार्यकर्ता श्री जी. बी. कनितकर दीनदयालजी के विषय में कहते हैं- "दीनदयालजी राजनीतिक नेता कम व शैक्षिक सांस्कृतिक कार्यकर्ता ज्यादा थे। उनके नेतृत्व में आम जनता में पहुंचने वाले जन-आंदोलन तथा राजनैतिक समस्याओं के आधार पर जन समर्थन के कार्य जनसंघ में कम होते थे। राष्ट्रीय सुरक्षा, राष्ट्रीय अखंडता

आदि मुद्दे एवं राष्ट्रीय संस्कृति के आधार पर राज्य दर्शन की विवेचना जनसंघ के कार्यकर्ताओं को अधिक प्रिय थी। दीनदयालजी की मान्यता थी कि हमें अपने सैद्धांतिक आधार को दृढ़ करते हुए तथा क्रमशः जनचेतना को जगाते हुए, अपने दल का विकास करना चाहिए।"

(धर्मनारायण जोशी ने संघ व भाजपा में विभिन्न दायित्वों का निर्वहन किया है। वे भाजपा के उदयपुर संभाग संगठन मन्त्री व मावली क्षेत्र से विधायक रहे है।)

पं. दीनदयाल: एक कर्मयोगी पत्रकार

- डॉ. विजय विप्लवी

पं. दीनदयाल उपाध्याय का नाम सामान्यतः एक प्रखर चिंतक, संगठक और राजनेता के रूप में लिया जाता है, किन्तु उनके व्यक्तित्व का एक अत्यंत महत्वपूर्ण और प्रेरक पक्ष उनका पत्रकार जीवन भी है। वस्तुतः पत्रकारिता उनके लिए केवल विचार व्यक्त करने का माध्यम नहीं थी बल्कि राष्ट्रचेतना के जागरण और समाज को वैचारिक दिशा देने की एक साधना थी। उनकी लेखनी में वैचारिक स्पष्टता, भाषा की सरलता, तर्क की दृढ़ता और राष्ट्रहित के प्रति अटूट प्रतिबद्धता का अद्भुत समन्वय दिखाई देता है।

स्वतंत्रता प्राप्ति के बाद भारत के सार्वजनिक जीवन में वैचारिक उथल-पुथल का दौर था। पश्चिमी विचारधाराओं का प्रभाव बढ़ रहा था और भारतीय दृष्टि से राष्ट्रीय प्रश्नों पर विमर्श अपेक्षाकृत कम दिखाई देता था। ऐसे समय में दीनदयाल उपाध्याय ने पत्रकारिता को राष्ट्रीय विचार के सशक्त माध्यम के रूप में अपनाया। लखनऊ से प्रकाशित राष्ट्रधर्म मासिक पत्रिका के माध्यम से उन्होंने भारतीय संस्कृति, इतिहास, समाज और राजनीति से जुड़े प्रश्नों पर

गंभीर और संतुलित विमर्श की परंपरा विकसित की। इसके पश्चात पांचजन्य साप्ताहिक और स्वदेश दैनिक के माध्यम से यह वैचारिक प्रवाह और व्यापक हुआ। इन पत्र-पत्रिकाओं ने राष्ट्रीय चेतना के निर्माण में महत्वपूर्ण भूमिका निभाई।

दीनदयाल उपाध्याय पत्रकारिता को समाज का विवेक मानते थे। उनका स्पष्ट मत था कि पत्रकार का दायित्व केवल समाचार देना नहीं बल्कि समाज को सत्य और विवेकपूर्ण दिशा देना है। इसलिए उनके लेखों में केवल आलोचना या प्रतिक्रिया नहीं, बल्कि गहन चिंतन और सकारात्मक मार्गदर्शन भी दिखाई देता है। वे जटिल वैचारिक विषयों को भी अत्यंत सहज और सरल भाषा में प्रस्तुत करते थे, जिससे सामान्य पाठक भी उन्हें समझ सके।

पं. दीनदयाल उपाध्याय का पत्रकार जीवन भारतीय पत्रकारिता के इतिहास में एक प्रेरक आदर्श के रूप में स्थापित होता है। निष्पक्षता, सत्यनिष्ठा, श्रमशीलता और राष्ट्रहित के प्रति समर्पण ये सभी गुण उनके पत्रकार व्यक्तित्व में समाहित थे। सीमित संसाधनों में भी उन्होंने जिस निष्ठा और समर्पण से पत्रकारिता को राष्ट्रसेवा का माध्यम बनाया, वह आज भी पत्रकारों और बौद्धिक जगत के लिए प्रेरणा का स्रोत है।

दीनदयाल जी का व्यक्तिगत सान्निध्य मुझे नहीं मिल सका क्यों कि उनकी देहयात्रा पूर्ण होने के पश्चात मेरा जन्म हुआ। लेकिन मेरा सौभाग्य है कि दीनदयाल जी के सान्निध्य में रहे उनके अनेक सहयोगी नेताओं व कार्यकर्ताओं का सानिध्य, सहकार व मार्गदर्शन मुझे सतत् मिलता रहा है। दीनदयाल जी के पत्रकार जीवन पर मेरे शोधकार्य में भी मुझे उनके जीवन, व्यक्तित्व व कृतित्व को और अधिक जानने का अवसर मिला। इस शोधाध्ययन के दौरान दीनदयाल जी से

कुछ गणमान्यजनों के विचार व संस्मरण मेरी जानकारी में आये है, मैं उनका उल्लेख कर रहा हूं:-

दीनदयाल जी जैसे नररत्न के पारखी व मार्गदर्शक, संघ के वरिष्ठ प्रचारक भाऊराव देवरस ने कहा - "समाज चेतना के नाते जनजागृति की दृष्टि से जो-जो काम हमने देश में खडे किये 'राष्ट्रधर्म प्रकाशन' उसी प्रकार की परम्परा है। पं. दीनदयाल उपाध्याय, अटल बिहारी वाजपेयी व नानाजी देशमुख सरीखे व्यक्तियों ने यह सारा कार्य खडॉ. किया। 1948 में संघ पर प्रतिबंधकाल में मैं तो जेल में था दीनदयाल जी जेल से बाहर रहकर सारा काम करते रहे।"

संघ के सरसंघचालक प्रो. राजेन्द्र सिंह उपाख्य रज्जू भैया बताते है जब कोई अच्छी पुस्तक दीनदयालजी के हाथ लग जाती थी तो वे उसे व्यस्तता के बीच भी उसे पूरी पढ लेते थे। निरन्तर लोगों से मिलना व उनसे संवाद करने के कारण उनके पास समय का अभाव रहता था, इसलिये अनेक पुस्तकों का पठन व लेखों का सृजन उन्होंने अपनी रेल यात्रा में ही किया। किसी विषय पर अध्ययन को वे कितना गहरा व गम्भीरता से करते थे उस विषय में रज्जू भैया ने बताया कि जब वे पंचवर्षीय योजनाओं पर आधारित 'द टू प्लान्स' पुस्तक लिख रहे थे, तब मैनें पूछा "दीनदयाल जी अर्थशास्त्र कभी आपका विषय नही रहा, इस आप कैसे लिख सकेगें, तब उन्होनें बताया कि उन्होनें जनसंघ में आने के बाद अर्थशास्त्र से सम्बन्धित साधारण पाठ्यक्रम से लेकर शोध तक की कोई पांच सौ पुस्तके पढी है।"

भारतीय मजदूर संघ के संस्थापक, पूर्व सांसद दत्तोपंत ठेंगडी ने कहा- पत्रकार के नाते पंडित जी का योगदान अनुकरणीय था। वे पत्रकार थे किंतु वे कार्ल मार्क्स ने

जिस श्रेणी को जर्नलिस्ट थिंकर कहा है, उस श्रेणी में आप नहीं है। उनकी पत्रकारिता केवल समकालीन परिस्थितियों में ही उपयुक्त हो, ऐसी नही थी। उनकी पत्रकारिता तो सुदुर भविष्य तक उपयोगी रहने वाली पत्रकारिता थी। विशेषतः आज की परिस्थितियों में उनके मार्गदर्शन की आज अतीव आवश्यकता थी।

दीनदयाल जी के अभिन्न सहयोगी रहे, पूर्व प्रधानमंत्री, भारत रत्न अटल बिहारी वाजपेयी ने अपनी स्मृतियों को ताजा करते हुए बताया था कि दीनदयाल जी के साथ रहने का अवसर पहली बार 1947 में राष्ट्रधर्म प्रकाशन प्रारंभ होने के साथ मिला। मुझे वहां सम्पादक का दायित्व संभालने को कहा गया तो मेरी सिट्टी-पिट्टी गुम हो गई। मुझे लिखने लिखने का शौक जरूर था, लेकिन सम्पादन का कोई अनुभव नही था। मेरे साथ राजीव अग्निहोत्री थे, वो भी सम्पादन कला में मेरी तरह ही कोरे थे। किंतु यह देखकर ढांढस बंधा कि सम्पादन तो केवल नाम का है, वहां काम करने व करवाने के लिये दीनदयाल जी स्वयं मौजूद है। अटलजी ने कहा- "राष्ट्रधर्म का पहला सम्पादकीय दीनदयालजी ने लिखा। मैनें उनके सहयोगी के रूप में अनुभव किया, सीखना व सिखाना उनके लिये एक निरंतर चलने वाली प्रक्रिया थी। प्रेस में लेखन से लेकर कम्पोजिंग, प्रूफ रीडिंग व मशीन चलाने तक का सारा काम वे जानते थे। न भोजन का ध्यान और न सोने सुध, थकना तो जैसे उन्होनें कभी जाना ही नहीं।"

दीनदयाल जी के अभिन्न सहयोगी रहे, पूर्व उपप्रधानमंत्री, भारत रत्न लालकृष्ण आडवाणी के जीवन पर उनका बहुत प्रभाव पडॉ.। वे अपनी पुस्तक ' मेरा देश मेरा जीवन' में लिखते है मेरे जीवन पर दो व्यक्तियों का बहुत प्रभाव

पडॉ., जिसमें राजपालपुरी (सिंध में संघ के प्रचारक थे) और दीनदयाल उपाध्याय। ये दोनों मेरे जीवन को आलोकित करने वाले आदर्श पुरूष थे। दीनदयाल जी मेरे राजनीतिक जीवन में केन्द्रीय विभूति थे और अब भी है। आडवाणी आगे लिखते है- दीनदयाल जी हमारे पंडॉ.रा पार्क स्थित घर पर प्रायः आते थे, वहीं बालकनी में बैठकर घंटों तक पढते और लिखते थे। मैं उने हिन्दी लेखों का अंग्रेजी में अनुवाद करता था। राष्ट्रधर्म प्रकाशन में दीनदयाल जी अटलजी के साथ बहुमुखी भूमिकाओं में थे। वे प्रूफ रीडर, कम्पोजिटर, लेखक व पत्रकार के साथ प्रबंधक की भूमिका भी निभाते थे। वे कई उपनामों से निरंतर लिखते थे।

'आर्गेनाइजर' के सम्पादक रहे, वरिष्ठ पत्रकार व जनसंघ व भाजपा के नेता रहे केवल रतन मलकानी लिखते है कि-' कांग्रेस की केन्द्र सरकार ने तीन दिन में हरियाणा, पं. बंगाल तथा पंजाब तीनों राज्यों की गैर कांग्रेसी सरकारों को भंग कर दिया। तो हमने एक व्यंग्य चित्र छापा, जिसमें केन्द्रीय मंत्री चव्हाण को सांडरूपी लोकतंत्र की हत्या करते हुए दिखाया गया। दीनदयाल जी ने इस पर प्रतिक्रिया देते हुए कहा कि- "व्यंग्य चित्र में भी गाय की हत्या करते हुए दिखाना बडॉ. विभत्स है।" मलकानी ने बताया कि एक बार उन्होनें जगदीश प्रसाद माथुर से कहा- मैं जब दिल्ली आता हूं तो मुझे एक बात का डर लगा रहता है कि 'आर्गेनाइजर' मुझसे शिकायत करेगा कि मैनें अमुक-अमुक सप्ताह में अपना स्तम्भ नहीं लिखा। इसके पश्चात मैनें उनसे लेख के सम्बन्ध में कहना बंद कर दिया। जब डन्हें समय मिलता तो वे लिख्कर भेज देते थे। यदि मैनें उनसे कहना बंद न किया होता तो कदाचित आज देश उनके और विचारों से लाभ उठा पाता।

वर्तमान प्रधानमंत्री नरेन्द्र मोदी ने भी अनेक अवसरों पर दीनदयाल उपाध्याय को स्मरण करते हुए कहा है कि उनकी लेखनी और विचार आज भी भारत की नीति और दिशा को प्रेरणा देते हैं। मोदी के अनुसार दीनदयाल उपाध्याय ने पत्रकारिता को राष्ट्रचिंतन और समाजजागरण का माध्यम बनाकर एक उच्च आदर्श स्थापित किया।

संघ के प्रचारक, जनसंघ व भाजपा के वरिष्ठ नेता रहे केदारनाथ साहनी ने बताया कि दीनदयाल जी आर्गेनाइजर में प्रति सप्ताह कालम लिखते थे। जिससे देशभर के कार्यकर्ताओं को मार्गदर्शन मिलता था। वे हवाई जहाज या एक्सप्रेस रेल से जाने के स्थान पर पैसेन्जर रेल से ही जाना पसंद करते थे। इसके पीछे दो सोच थी। एक तो पेसेन्जर रेल में पढने लिखने का पर्याप्त समय मिल जाता था और दूसरा हर छोटे स्टेशन पर भी कार्यकर्ताओं से भेंट हो जाती थी।

उत्तराखण्ड के मुख्यमंत्री रहे भाजपा के वरिष्ठ नेता नित्यानंद स्वामी बताते है कि अप्रेल-मई 1953 में कश्मीर सत्याग्रह चल रहा था। पंडित जी ने मुझे एक माह दिल्ली कार्यालय में रोक लिया। मुझे काम सौंपा गया। कश्मीर सत्याग्रह से सम्बन्धित समाचार बुलेटिन का स्टेन्सिल टाईप कर साइक्लोस्टाईल करके देशभर में समाचारपत्रों को भेजा जाये। एक दिन जब मैं बुलेटिन के लिफाफों पर टिकट लगा रहा था, तभी पंडितजी आये और मुस्कुराते हुए कहा- "अरे! टिकट उल्टी चिपकाओं भाई।" इस मुझे बडॉ. आश्चर्य हुआ और मैने बडी गम्भीरता से कारण जानना चाहा तो उन्होनें हंसकर जवाब दिया- "तुम अकेले ही समाचार बनाने से लेकर टिकट चिपकाने तक का काम करते हो और अगर तुमने टिकट सीधी चिपकाई तो लगेगा कि जनसंघ कार्यालय मे चपरासी

भी नहीं है।" पंडित जी की बात पर हंसी का फव्वारा छूट पडॉ. और दिनभर की थकान दूर हो गई।

राष्ट्रधर्म व पांचजन्य के साप्ताहिक के सम्पादक रहे रामशंकर अग्निहोत्री ने बताया कि - सन् 1967 में आम चुनाव का समय था, दीनदयाल जी चुनावी कार्यों व प्रवास में व्यस्त थे। राष्ट्रधर्म के सम्पादक के नाते मैं रोटी विशेषांक के प्रकाशन की घोषणा कर चुका था, लेकिन दीनदयालजी के लेख के बिना वह अंक निरर्थक था। आख्रिकार मैं लखनऊ के खुर्शीद बाग में स्थित जनसंघ कार्यालय पहुंचा। मैंने उनसे कहा आपका लेख नही मिला तो अंक चार कौडी का भी नही रहेगा। सब मुझे गाली देगें, इस समय विशेषांक निकाला ही क्यों दीनदयाल जी ने हंसते हुए कहा- "सम्पादकहि करम अति मंदा" दो क्षण हंसी-मजाक में वे सम्पादक कर्म की कठिनाई अनुभव कराते रहे। मैने कहा यह तो ठीक है परन्तु आपका लेख उन्होनें कहा- मैं देखूगां। मैं जानता था इस समय लेखन के लिए समय निकालना उनके लिए कठिन होगा। मैं पन्द्रह दिन बाद उनके सामने खडॉ. था, तभी उन्होनें अपने झोले से कुछ कागज निकालकर दिये, मैं अवाक था। उन कागजों में टेढी-मेढी पंक्तियां लिखी थी, मोटे बारीक अक्षर थे और लिखने के लिये तीन प्रकार की कलमों का उपयोग हुआ था।

प्रसिद्ध विचारक प्र. ग. सहस्त्रबुद्धे कहते है कि - पंडित दीनदयाल जी निसंदेह एक महान् पत्रकार थे। वे पेटू पत्रकार नही थे। वे चाटूकार नही थे। वे लकीर के फकीर नहीं थे। वे आत्मसाक्षात्कारी थे।अपनी पैनी लेखनी द्वारा आत्मा की आवाज ही प्रस्फुटित करते थे। इसीलिए उनकी लिखी बातें पाठकों के हृदय को छू जाती थी। उन्का लेखन छिछला नही रहा। हर छोटी बडी घटना में वे चिरंतन मूल्य खोजते थे

और उन्हें शब्दांकित करते थे। लिखते समय मानो उनकी समाधि लग जाती थी। जनकल्याण व देशहित उनकी लेखनी में हमेशा सर्वोपरि रहता था।

राजस्थान में संघ व विश्व हिन्दू परिषद् के वरिष्ठ पदाधिकारी रहे जयबहादुरसिंह शेखावत बताते है कि- "पंडित जी ने जब पांचजन्य व राष्ट्रधर्म मासिक प्रारम्भ किया, तो अर्थभाव लगा। उन्होंने भाईजी हनुमान प्रसाद पोद्दार को पत्र लिखकर इस कार्य के लिये पांच हजार रूपये उधार मांगे। भाईजी ने पत्र पढकर प्रसन्नता व्यक्त की और पत्रोत्तर में लिखा पांच हजार की जगह पन्द्रह हजार ले जाओ।"

राष्ट्रधर्म प्रकाशन में उनके सहयोगी व संघ के प्रचारक बसंत अण्णाजी वैद बताते है कि पांचजन्य कार्यालय में लाई गई नई प्रिन्टिंग मशीन का फिट करने वाला नहीं मिल रहा था। पंडित जी ने मशीन के साथ आई पुस्तक पढी और मशीन फिट करने में जुट गये। उनके इस उपक्रम से दूसरे दिन छपाई प्रारम्भ हो गई। एक बार पांचजन्य का अंक निकालना था, कम्पोजिटर व अन्य स्टाफ किसी कारण से अनुपस्थित थे। सम्पादक अटलबिहारी वाजपेयी भी लखनऊ से बाहर प्रवास पर थे, कार्यालय पर हम दो - चार प्रचारक उपस्थित थे। पंडितजी ने लेख लिखा, अन्य सामग्री चयन की और स्वयं कम्पोजिंग करके मशीन पर फर्मा लगा छपाई में जुट गये। उस समय हाथ चलने वाली प्रिन्टिंग मशीन थी, कभी पंडितजी और कभी हम मशीन का पहिया घुमाकर मशीन चलाने में जुट गये, उसी रात अंक छपकर तैयार हो गया। इस प्रकार वे किसी कार्य में जुटकर अपने सहकारियों के समक्ष प्रस्तुत करते थे।

भारतीय जनसंघ के राष्ट्रीय अध्यक्ष रहे बच्छराज व्यास बताते है कि दीनदयालजी की प्रथम पुस्तक 'सम्राट चन्द्रगुप्त' की पांडुलिपि को अंतिम रूप दे रहे थे, तब उसे पढने मुझे अवसर मिला। उन्होंने मुझसे कहा- "इसमें जहां त्रुटियां दिखे, निसंकोच सुधार दें।" मैंने पढना प्रारम्भ किया, किंतु मुझे प्रेरणा मिली अपनी भूलों को सुधारने की। अपने इतिहास के उस गौरवमयकाल का दीनदयालजी ने ऐसी सशक्तता, सहजता और सिद्धहस्तता से आलेखन किया कि उसकी प्रशंसा विख्यात साहित्यकारों ने भी की।

पांचजन्य के साप्ताहिक के सम्पादक रहे भानुप्रताप शुक्ल बताते है कि कभी-कभी हम उनकी व्यस्तता का विचार किये बिना कुछ इस कदर मचल उठते थे, जैसे वे फालतु हों और हम अधिक व्यस्त। पंडितजी लेख लिख दीजिये और आप नही लिखेंगे तो कौन लिखेगा। आज की इन अमुक-अमुक घटनाओं पर पाठक पांचजन्य में आपके विचार पढना चाहते हैं। वे बडे ही आनन्दित करने वाले स्वर में बोले, "मेरे और तुम्हारे विचार में क्या अंतर है, अन्तर नाम का पड सकता है, सो उसकी जगह लिख दो -दीनदयाल उपाध्याय। यदि कोई गडबड होगी तो मैं देख लूगां।" और फिर कुछ घंटे बाद लेख उनके सामने जाता तो पढवाकर सुनते और उसकी खुलकर प्रशंसा करते, इसके अमुक-अमुक पहलू पर तो मेरा ध्यान ही नहीं गया था। लेख रख जाओ मैं देख लूगां। "और जब फिर जाता तो पुराने लेख की जगह नया लेख उनके अक्षरों में ही प्राप्त हो जाता।"

राष्ट्रधर्म के स्थापनाकाल से जुडे वरिष्ठ पत्रकार बजरंगशरण तिवारी ने बताया कि सन् 1947 में जब राष्ट्रधर्म मासिक के प्रकाशन का निश्चय भाऊराव जी देवरस ने किया तो उन्होनें

दीनदयाल जी को ही उसका प्रबन्ध सम्पादक बनाया। अटल बिहारी वाजपेयी और राजीवलोचन अग्निहोत्री सम्पादक बने तथा मुझे सारी व्यवस्था देखने को कहा गया। यह निर्णय होते ही पंडितजी ने स्वयं राष्ट्रधर्म नाम का पत्रक जनता में वितरित करने के निमित्त बनाया और लेटरहेड तथा रसीद आदि के प्रारूप तैयार किये। जब राष्ट्रधर्म के पहले अंक के छपाने का अवसर आया तो प्रस्तावित प्रेस के मालिक भार्गव जी ने मुझे बैंक की पासबुक दिखाने को कहा। पंडितजी ने यह सुनकर कहा कि उनसे जाकर कह दो कि अग्रिम कागज भी देगें और छपाई का मूल्य भी। भार्गव जी का मुंह बंद हो गया। यह व्यवस्था आगे बराबर चलती रही। कुछ दिन बाद अपना प्रेस भी हो गया 'भारत प्रेस'। पंडितजी आवश्यकता पडने पर कम्पोजिंग भी कर लेते बंडल भी बंधवा लेते और साइकिल का बंडल लाद स्टेशन तक भी पहुंचा आते। उन्होंने कर्मचारियों के सेवा नियम बनाये, छुट्टियां तय की और सारी व्यवस्था लिखित रूप में तैयार दी। यहीं तक ही नहीं, उन्होंने कर्मचारियों की भविष्यनिधि भी प्रारम्भ की और उसके नियम भी बनाये। बाद में राष्ट्रधर्म से प्रकाशित सभी पुस्तकें कर्मचारियों को आधे मूल्य पर देने का नियम भी बना दिया। वे छपाई की गुणवत्ता पर स्वयं ध्यान रखते और प्रेस के हर विभाग के कार्यकर्ता का जब भी कोई समस्या आती तो उसका सही निदान बताकर समाधान करते। ऐसे थे लगन वाले, मेहनती तथा हर एक के दुख-सुख के साथी पंडित दीनदयाल उपाध्याय।

(डॉ. विप्लवी भाजपा नेता और उदयपुर नगर निगम के पार्षद रहे है। 'पत्रकार दीनदयाल उपाध्याय' पुस्तक के लेखक तथा इस पुस्तक के संपादक है।)

कुशल संचारक, प्रखर पत्रकार: पंडित दीनदयाल उपाध्याय

- डॉ. कुंजन आचार्य

भारत में अनेक महापुरुष हुए हैं जिन्होंने समाज निर्माण में महत्वपूर्ण भूमिका निभाई, जिन के प्रयासों से समाज के आर्थिक, सामाजिक और राजनैतिक विकास को नई दिशा मिली। ऐसे ही एक महापुरुष थे पंडित दीनदयाल उपाध्याय। प्रखर पत्रकार के साथ ही पंडित दीनदयाल उपाध्याय कुशल अर्थचिंतक, संगठनशास्त्री, शिक्षाविद, राजनीतिज्ञ, वक्ता, लेखक और पत्रकार थे और अपने इन सभी गुणों के साथ सादगी और ईमानदारी की मिसाल के तौर पर जीवन भर राष्ट्र सेवा करते रहे।

पंडित उपाध्याय की आम तौर पर एक राजनीतिज्ञ, चिंतक और विचारक के तौर पर ही पहचान है लेकिन वे एक कुशल संचारक और पत्रकार भी थे। उनके पत्रकार-व्यक्तित्व पर उतना प्रकाश नहीं डॉ.ला गया है जितना उनका पत्रकारिता में योगदान रहा। हम उनको सही मायनों में राष्ट्रीय पत्रकारिता का प्रणेता और पुरोधा कह सकते है। उन्होंने

देश में उस समय राष्ट्रीय पत्रकारिता का अंकुरण किया जब पत्रकारिता क्षेत्र पर वामपंथियों का प्रभुत्व था और इसी के प्रभाव के कारण भारतीय विचारधारा को संचार माध्यमों में उचित स्थान नहीं मिल पा रहा था, साथ ही राष्ट्रीय विचारों के प्रति नकारात्मकता वातावरण बनाने के प्रयास किये जा रहे थे। देश को उस समय संचार माध्यमों में ऐसे सशक्त विकल्प की आवश्यकता थी, जो कांग्रेस और कम्युनिस्टों से इतर दूसरा पक्ष भी जनता तक पंहुचा सके। दीनदयाल उपाध्याय ने तत्कालीन पत्रकारिता में ऐसी ही भारतीय धारा को प्रवाहमान बनाया। उन्होंने राष्ट्रीय विचार से ओत-प्रोत मासिक पत्रिका 'राष्ट्रधर्म', साप्ताहिक समाचारपत्र 'पाञ्चजन्य' (हिंदी), 'ऑर्गनाइजर' (अंग्रेजी) और दैनिक समाचारपत्र 'स्वदेश' शुरू कराए। उन्होंने 1947 में राष्ट्रधर्म के प्रकाशन से जब विधिवत पत्रकारिता प्रारंभ की, तब पत्रकारिता मिशन और राष्ट्र जागरण का माध्यम थी। स्वतंत्रता संग्राम में अनेक राजनेताओं की भूमिका पत्रकार के नाते भी रहती थी। महात्मा गांधी, बाल गंगाधर तिलक, मदन मोहन मालवीय, डॉ. भीमराव आंबेडकर, गणेश शंकर विद्यार्थी जैसे अनेक नाम हैं, जो स्वतंत्रता सेनानी भी थे और पत्रकार भी। ये समूचे देश में राष्ट्रबोध का जागरण करने के लिए पत्रकारिता का उपयोग करते थे।

पंडित दीनदयाल उपाध्याय ऐसे व्यक्तित्व थे जिनके लिए पत्रकारिता अर्थोपार्जन नहीं, अपितु राष्ट्र जागरण का माध्यम थी। एक पत्रकार के रूप में उन्होंने ना सिर्फ़ लेखक, संपादक, प्रकाशक का दायित्व निभाया बल्कि वे कंपोज़िटर, प्रिंटर और वितरक तक के दायित्व का निर्वहन भी कर लेते थे। इन समस्त कार्यों में उन्हें कभी कोई संकोच नहीं हुआ। वे प्रकाशन और मुद्रण से जुड़े सभी कार्यों में प्रवीण थे और

तात्कालिक समसामयिक विषयों पर विभिन्न प्रकाशनों के माध्यम से अपनी प्रखर टिप्पणियों और आलेखों के ज़रिए देश के समक्ष चिंतनपरक सामग्री उपलब्ध करवाते थे।

बहुआयामी कलम के धनी

गंभीर लेखक और बहुआयामी पत्रकार पंडित दीनदयाल उपाध्याय राजनीति की सक्रियता के साथ ही पत्रकारिता और लेखन से भी आजीवन जुड़े रहे। उनकी दृष्टि पत्रकार की और लेखनी साहित्यकार की थी। उन्होंने राजनीति के साथ-साथ सामाजिक, आर्थिक विषयों पर भी खूब लिखा। उनके हिंदी और अंग्रेजी के लेख विभिन्न पत्र-पत्रिकाओं में प्रकाशित होते रहे। उन्होंने उस दौर में पत्रकारिता को एक मिशन के रूप में अपनाया जब स्वतंत्रता आंदोलन में पत्रकारिता की राह चुनना बेहद मुश्किल फैसला माना जाता था। वो जानते थे कि देश को आजाद कराने और एक नए भारत के निर्माण के लिए अपने विचारों को लेखन के जरिए जनता के बीच ले जाना ही होगा। सामाजिक विचारक, अर्थशास्त्री, शिक्षाविद, राजनेता, वक्ता, संजिदा लेखक और पत्रकार के तौर पर उन्होंने हर भूमिका में समाज को एक नई दिशा दी।

लखनऊ से 1947 में राष्ट्रधर्म के प्रकाशन के साथ उनकी भूमिका काफी महत्वपूर्ण रही तथा भारत बंटवारे के बाद उन्हें इस मासिक पत्रिका के प्रकाशन की जिम्मेदारी सौंपी गई।

अंततः 'राष्ट्रधर्म प्रकाशन लिमिटेड' की स्थापना के साथ उनका स्वप्न साकार हुआ। नानाजी देशमुख प्रकाशन के प्रबंध निदेशक बने, जबकि राधेश्याम कपूर प्रकाशक। प्रबंधकों में ज्वालाप्रसाद चतुर्वेदी तथा मनमोहन गुप्त थे। बजरंग शरण तिवारी और जनार्दन राव पावगी प्रेस-व्यवस्थापक बने।

इस प्रकार सबके सहयोग से धीरे-धीरे प्रकाशन का कार्य गति पकड़ने लगा।

इस प्रकाशन के अंतर्गत क्रमशः तीन पत्रों का प्रकाशन किया गया- 'राष्ट्रधर्म', 'पांचजन्य' तथा 'स्वदेश'। इसमें 'राष्ट्रधर्म' मासिक, 'पांचजन्य' साप्ताहिक तथा 'स्वदेश' दैनिक पत्र था। 'राष्ट्रधर्म' के संपादक-मंडल में महेंद्र कुलश्रेष्ठ, गिरीशचंद्र मिश्र, अटल बिहारी वाजपेयी, राजीव लोचन अग्निहोत्री, वचनेश त्रिपाठी, यादवराव देशमुख, महावीर प्रसाद त्रिपाठी जैसे विद्वान् सम्मिलित थे। इसके विपरीत 'पांचजन्य' और 'स्वदेश' का संपादन-कार्य दीनदयालजी ने अपने कंधों पर उठा लिया था। जैसी कि उम्मीद की गई थी, कुछ ही महीनों में इन पत्रों ने लोगों के बीच अपनी अलग पहचान बना ली। इनमें प्रकाशित ज्वलंत लेखों ने जनसाधारण के अंतर्मन को हिलाकर रख दिया। सरल हृदय दीनदयालजी ने इसका श्रेय अपने सहयोगियों को देते हुए कहा था, "इस सफलता के पीछे किसी एक व्यक्ति का योगदान नहीं है, अपितु इसे प्राप्त करने के लिए प्रकाशन से जुड़े एक-एक व्यक्ति ने, चाहे वह किसी भी पद पर कार्य कर रहा हो, हवन-कुंड में जलनेवाली समिधा के समान स्वयं को दग्ध किया है। उनके अमूल्य सहयोग, अथक परिश्रम और दृढ संकल्प का ही परिणाम है कि राष्ट्रधर्म प्रकाशन लिमिटेड से प्रकाशित होनेवाले तीनों पत्र इतने बड़े पैमाने पर समाज द्वारा स्वीकृत किए गए।"

दीनदयालजी द्वारा प्रकाशित तीनों पत्र समाज को राष्ट्रीय स्वयंसेवक संघ के सिद्धांतों, नीतियों और उद्देश्यों से अवगत कराने का कार्य कर रहे थे। ये पत्र संघ को देश के कोने-कोने तक पहुँचाने का पर्याय बन चुके थे। इनके माध्यम से लोगों में संघ का स्वरूप स्पष्ट होने लगा। दूर-दराज के क्षेत्रों में,

जो लोग संघ के नाम से भी अपरिचित थे, अब उसके बारे में विस्तृत रूप से जानकरी पाकर उसकी ओर आकृष्ट होने लगे। इसका श्रेय पत्रों में प्रकाशित होने वाले दीनदयालजी के उन लेखों को भी जाता है, जिन्होंने जनसाधारण में नवचेतना का संचार किया। पंडित उपाध्याय का नाम राष्ट्रधर्म में बतौर संपादक तो नहीं छपता था लेकिन हर कोई राष्ट्रवाद पर उनकी धारधार लेखनी और विचारों की छाप आसानी से देख सकता था। वो मानते थे कि अगर भाषा संयमित और आलोचना स्वस्थ हो तो विरोधी पक्ष को भी सुना जाना चाहिए। पंडित जी ने राष्ट्रधर्म से ही पत्रकारिता और संपादन के गुर न सिर्फ सीखे बल्कि उस दौर के कई महत्वपूर्ण लोगों को प्रेरणा भी दी। उनके पास पत्रकारिता की कोई औपचारिक पढ़ाई या अनुभव नहीं था लिहाजा बाद में वे साप्ताहिक और दैनिक स्वदेश भी छपने लगे जिनमें पूर्व प्रधानमंत्री अटल बिहारी वाजपेयी को संपादक की जिम्मेदारी दी गई। पत्रकारिता के प्रारंभ से ही अटल बिहारी वाजपेयी उन्हें एक सहयोगी के रूप में मिले। अटल जी ने इस संबंध में स्वयं लिखा है कि "मुझे लिखने का शौक अवश्य था, किंतु पत्र का संपादन करना पड़ेगा, यह सुनकर मेरी सिट्टी-पिट्टी गुम हो गई थी। लेकिन यह जानकर हिम्मत बंधी कि केवल नाम का ही संपादक बनना है। काम करने और करवाने के लिए पंडित दीनदयाल उपाध्याय जी मौजूद थे।" उन्होंने वाजपेयी जी से शुरुआती दौर में काफी कुछ सीखा और जब वे राजनीति में चले गए तब भी उन्होंने अपने लेखों के जरिए जनता से संवाद बनाए रखा।

पांचजन्य और साप्ताहिक ऑर्गेनाइजर में भी उनके नियमित कॉलम पॉलिटिकल डायरी' के नाम से छपते थे। खबर को विकृति के स्तर पर नहीं ले जाने की पुरजोर वकालत करते

और यही उनका मंत्र भी था। इसीलिए उनके लेखों को पढ़कर ये साफ तौर पर समझा जा सकता है कि नेहरूकाल की तमाम नीतियों के प्रखर आलोचक होने के बावजूद उनकी भाषा में उच्च कोटि का संयम और संतुलन था। वो किसी व्यक्ति या विचारधारा के प्रति पूर्वाग्रह बनाकर चलने के खिलाफ थे। पत्रकारिता के क्षेत्र में दीनदयाल उपाध्याय ने भाषा के जिस संयम पर जोर दिया उसकी सबसे ज्यादा जरूरत आज के दौर में महसूस होती है।

ऑर्गेनाइजर में विचार-वीथी नाम से उनके स्तंभ में हमेशा उनका प्रयास एक नया और संतुलित विचार देने का रहा। लेखों में वो सरकार के प्रति नरम दृष्टिकोण तो नही रखते थे लेकिन उनकी भाषा सौम्य रहती। पत्रकारिता को राजनीति की चाटुकारिता करने का वो पुरजोर विरोध करते रहे। उनकी पत्रकारिता का मूल था कि पत्रकारिता किसी एक आयाम की पक्षधर नहीं हो बल्कि उसमें साहित्य, संस्कृति और धर्म से लेकर समाज के हर आयाम समाहित होने चाहिए।

पंडित दीनदयाल उपाध्याय को सही मायनों में राष्ट्रीय पत्रकारिता का पुरोधा कहा जा सकता है। उन्होंने पत्रकारिता को राष्ट्रीय स्वयंसेवक संघ के निर्देश पर मिशन के रुप मे मानते हुए अपनाया था न कि कोई व्यवसाय समझकर। वे संघ के लिए पूरी निष्ठा से समर्पित थे। उनके लिए संघ द्वारा सौंपा गया कोई भी कार्य कठिन अथवा असंभव हो ही नहीं सकता था। भारत के बँटवारे के तुरंत बाद जब उन्हें "राष्ट्रधर्म" मासिक प्रकाशित करने का दायित्व सौंपा गया तो उन्हें पत्रकारिता के क्षेत्र की न तो कोई समझ थी और न ही कोई अनुभव फिर भी उन्होंने इस कार्य को एक कर्तव्य मानकर स्वीकार किया। उन्होंने उस दौर में

राष्ट्रधर्म के प्रकाशन से विधिवत पत्रकारिता प्रारंभ की, जब पत्रकारिता मिशन मानी जाती थी। उस समय पत्रकारिता राष्ट्रीय जागरण का माध्यम थी। अनेक राजनेताओं की भूमिका स्वतंत्रता संग्राम में पत्रकार के नाते भी रहती थी। महात्मा गांधी, बाल गंगाधर तिलक, मदन मोहन मालवीय, डॉ. भीमराव अंबेडकर, गणेश शंकर विद्यार्थी जैसे स्वतंत्रता सेनानी जो समूचे देश में राष्ट्रबोध का जागरण करने के लिए पत्रकारिता का उपयोग करते थे।

राष्ट्रधर्म मासिक से ही उनका पत्रकार वाला पक्ष उभरकर सामने आया। वे किसी व्यक्ति अथवा विचारधारा के प्रति पूर्वाग्रह बनाकर चलने के खिलाफ थे। हालांकि पत्रकारिता का क्षेत्र उनके लिए सर्वथा नया था लेकिन उन्होंने शुरू से आखिर तक की जानकारी अपने अध्ययन और अनुभव से प्राप्त की। उन्होंने न केवल संपादन सीखा बल्कि अटल जी के साथ-साथ सहकर्मियों को भी सिखा दिया। दीनदयाल जी के जीवन में सीखना और सिखाना लगातार चलता रहता था। वे काम करते हुए स्वयं सीखते थे और सीखते हुए दूसरों को भी सिखाते चलते थे। अपने इस गुण का उन्होंने पत्रकारिता के क्षेत्र में पूरी तरह से उपयोग किया।

राष्ट्रीय स्वयंसेवक संघ के कार्यकर्ताओं के लिए संगठन का मंत्र रहा है कि कार्यकर्ता को प्रसिद्धि और श्रेय से बचना चाहिए और शायद इसीलिए राष्ट्रीय विचार की पत्रकारिता के पुरोधा होने के बावजूद पंडित जी का नाम कभी भी संपादक या संवाददाता के रूप में प्रकाशित नहीं हुआ। पं. दीनदयाल उपाध्याय ने कभी स्वयं को संपादक या प्रवक्ता के रूप में प्रचारित नहीं किया। वह 'पर्दे के पीछे रहने' के सिद्धांत का पालन करते थे, जो उन्होंने आरएसएस में सीखा था।

संगठन के इसी मंत्र के वशीभूत उन्होंने कई पत्र-पत्रिकाएं प्रकाशित करायीं, लेकिन उनके 'प्रधान संपादक' कभी नहीं बने, जबकि उन तमाम प्रकाशनों के वास्तविक संचालक, संपादक और आवश्यकता होने पर उनके कम्पोजिटर, मशीनमैन भी खुद दीनदयालजी ही थे। राष्ट्रधर्म को सशक्त करने और लोगों के बीच लोकप्रिय बनाने के लिए उन्होंने प्राय: उसके हर अंक में विचारोत्तेजक लेख लिखे। इसमें प्रकाशित होने वाली सामग्री का चयन भी दीनदयाल जी स्वयं ही करते थे। 14 जनवरी, 1948 को उन्होंने 'पांचजन्य' शुरु किया लेकिन राष्ट्रीय विचारों के प्रहरी 'पांचजन्य' में भी उन्होंने संपादक का दायित्व नहीं संभाला, यह दायित्व भी उन्होंने अटल बिहारी वाजपेयी को ही सौंपा। 'पांचजन्य' में भी दीनदयाल जी 'विचार वीथी' स्तम्भ लिखते थे। जबकि अंग्रेजी भाषा में प्रकाशित ऑर्गनाइजर में वह 'पॉलिटिकल डायरी'' के नाम से स्तम्भ लिखते थे। इन स्तंभों में प्रकाशित सामग्री से ज्ञात होता है कि दीनदयाल जी की तत्कालीन घटनाओं एवं परिस्थितियों पर गहरी पकड़ थी।

यदि पंडित दीनदयाल उपाध्याय को राजनीति में नहीं भेजा जाता तो निश्चय ही उनका योगदान पत्रकारिता और लेखन के क्षेत्र में और अधिक होता। पत्रकारिता के संबंध में उनके विचार अनुकरणीय हैं। यदि उन्होंने पत्रकारिता को थोड़ा और अधिक समय दिया होता, तब वर्तमान पत्रकारिता का स्वरूप संभवत: कुछ और होता।

दीनदयाल जी न केवल स्वयं पत्रकारिता में आए बल्कि उनकी प्रेरणा से दर्जनों लोगों ने पत्रकारिता को 'मिशन' बनाकर इसमें महत्वपूर्ण योगदान दिया। इसमें पूर्व प्रधानमंत्री अटल बिहारी वाजपेयी, पूर्व उप प्रधानमंत्री लालकृष्ण आडवाणी,

देवेंद्र स्वरूप, महेशचंद्र शर्मा, यादवराव देशमुख, राजीव लोचन अग्निहोत्री, वचनेश त्रिपाठी, महेन्द्र कुलश्रेष्ठ, गिरीश चंद्र मिश्र आदि प्रमुख नाम हैं।

लेखनी से आत्मा को छूने वाले पत्रकार

पत्रकारिता के संदर्भ में भी दीनदयाल जी के व्यक्तित्व के कई पहलू सामने आते हैं। औपचारिक रूप से भले ही उन्हें ऐसा पत्रकार स्वीकार न किया जाए जो पत्रकारिता के माध्यम से अपनी रोजी-रोटी चलाता हो अथवा उसने किसी कॉलेज अथवा विश्वविद्यालय से पत्रकारिता की विधिवत शिक्षा ग्रहण की हो। स्वतंत्रता संग्राम के दौरान और उसके तुरंत बाद तक अनेक ऐसे पत्रकार हुए थे जिन्होंने बिना कोई औपचारिक उपाधि पाए पत्रकारिता के क्षेत्र में बहुत नाम कमाया था। ऐसे पत्रकारों में सर्वश्री अरविंद, पंडित मदन मोहन मालवीय, महात्मा गाँधी, चक्रवर्ती राजगोपालाचारी, बाल गंगाधर तिलक, लाला लाजपत राय, शहीद भगत सिंह, डॉ. राम मनोहर लोहिया, विनोबा भावे, गणेश शंकर विद्यार्थी, मूल चंद्र अग्रवाल, कृष्णदत्त पालीवाल, दामोदर दास नागौरी, द्वारका प्रसाद अग्रवाल, डोरी लाल अग्रवाल, जे. सी. जैन, गिरिलाल जैन, सरदार खुशवंत सिंह, रामनाथ गोयनका और चेलापतिराव इत्यादि ऐसे अनेक नाम लिए जा सकते हैं। इसी श्रेणी में पंडित दीनदयाल उपाध्याय जी को भी पत्रकार स्वीकार किया जा सकता है।

1 अगस्त 1947, श्रावणी पूर्णिमा, सं 2004 को राष्ट्रधर्म का पहला सम्पादकीय भारतीय राष्ट्रधारा का पुण्य प्रवाह (बुद्ध से शंकराचार्य तक) उपाध्याय जी ने लिखा। उनके लिए सीखना और सिखाना एक निरन्तर चलने वाली प्रक्रिया थी। काम करते वे सीखते और सीखते हुए सिखाते।

प्रेस में सामग्री देने से लेकर कम्पोज करने और प्रूफ पढ़ने तक के सभी कार्य उन्होंने किए। छपाई की मशीन पर काम से थक जाने या न आने पर वे वहां भी खड़े हाथ बंटाते। सम्पादकीय विभाग में काम ज्यादा, लोग कम थे। उपाध्याय जी दिन-रात जुटे रहते। उनके सहकर्मी थक कर चूर हो जाते, किन्तु उन्होंने जैसे थकना जाना ही नहीं था। न खाने का ध्यान, न सोने की सुध। एक बार लगातार कई रात जागना पड़ा। शरीर ने जवाब दे दिया। सवेरे जब उपाध्याय जी मशीन पर खड़े प्रिन्टिंग का आखिरी फर्मा निकलवा रहे थे तो गिर पड़े और बेहोश हो गये। इस घटना के साक्षी रहे ज्वाला प्रसाद चतुर्वेदी के शब्दों में, "वे इस प्रकाशन (राष्ट्रधर्म) के जनक थे लेकिन व्यवहार में प्रबंध संचालक ही रहे।

इस संदर्भ में श्री प्र.ग. सहस्त्रबुद्धे ने लिखा कि "पंडित दीनदयाल निस्संदेह एक महान पत्रकार थे। वे पेटू पत्रकार नहीं थे। वे चाटुकार नहीं थे। लकीर के फकीर नहीं थे। वे आत्मसाक्षात्कारी थे। अपनी लेखनी द्वारा आत्मा की आवाज ही प्रस्फुटित करते थे। इसीलिए उनकी लिखी बातें पाठकों के हृदय को छू जाती थीं। उनका लेखन कभी उथला या छिछला नहीं रहा। जनकल्याण व देशहित उनकी लेखनी में हमेशा सबसे ऊपर रहता था।" प्रसिद्ध विचारक श्री दत्तोपंत ठेंगड़ी के अनुसार, "पत्रकार के नाते पंडित दीनदयाल जी का योगदान अनुकरणीय था। वे पत्रकार थे, किंतु कार्ल मार्क्स ने जिस श्रेणी को जर्नलिस्ट थिंकर कहा है, उस श्रेणी में आप नहीं थे। उनकी पत्रकारिता मात्र समकालीन परिस्थितियों में ही उपयुक्त हो, ऐसी नहीं थी। उनकी पत्रकारिता तो सुदूर भविष्य तक उपयोगी रहने वाली पत्रकारिता थी।"

पांचजन्य और राष्ट्र धर्म में दीनदयाल जी की भूमिका ने लोगों में राष्ट्रीय स्वयंसेवक संघ के प्रति आकर्षण पैदा किया। तत्कालीन स्थितियों में परिणाम स्वरूप कांग्रेस के लिए संघ मुसीबत बनता जा रहा था। उन्हीं दिनों स्वतंत्रता आन्दोलन के महान नायक महात्मा गाँधी की हत्या हुई। गाँधी की हत्या का मिथ्या आरोप लगाकर शासन ने संघ पर प्रतिबंध लगा दिया। यह प्रतिबंध संघ के कार्य की लोकप्रियता को देखते लगाया गया है, यह कहकर संघ ने देशव्यापी आन्दोलन शुरू कर दिया। दीनदयाल जी आन्दोलन के नेता बने। कहीं भी आन्दोलन के समय हिंसा नहीं हुई। शांतिपूर्वक आन्दोलन चला। शासन ने पांचजन्य को बंद करवा दिया। लेकिन दीनदयाल जी ने अपनी सूझ-बूझ का परिचय देते हुए सरकार द्वारा पांचजन्य पर प्रतिबन्ध लगाये जाने पर हिमालय पत्रिका नाम से दूसरा समाचार पत्र प्रकाशित करना शुरू कर दिया। सरकार ने इसे भी प्रतिबंधित कर दिया। पत्रकार के तौर पर पंडित जी ने बहुत संघर्ष भी किया और अपनी कलम से अलख जगाए रखी। हिमालय पत्रिका को प्रतिबंधित करने के बाद उन्होंने देशभक्त नाम से प्रकाशन प्रारम्भ किया था। सरकार की समझ में नहीं आया कि आखिर किया क्या जाए। वह दीनदयाल जी की कुशाग्र बुद्धि के समक्ष नि:सहाय हो गई लेकिन दीनदयाल जी को रोक नहीं पाई। अंततः सरकार ने उन्हें पकड़ने की योजना बनाई किंतु वह दीनदयाल जी को तब तक नहीं पकड़ पाई जब तक कि दीनदयाल जी ने स्वयं को न पकड़वा दिया।

दीनदयाल जी की लेखनी बंद नहीं हुई। उनकी लेखनी देशभक्ति तथा संघर्ष का लावा उगल रही थी। सरकार दीनदयाल जी की कुशाग्र बुद्धि के समक्ष कमजोर पड़ गयी। सरकार दीनदयाल जी को रोक नहीं पायी। शक्तिशाली सरकार के सामने दीनदयाल जी की लेखनी खड्ग बन कर उभरी।

पत्रकारिता में आदर्शवाद के आग्रही

दीनदयाल जी की पत्रकारिता आदर्शवाद की आग्रही थी, वे मानते थे कि लेखक और पत्रकार को हमेशा याद रखना चाहिए कि अंगुली सिर्फ चाकू से ही नहीं कटती, कभी-कभी कागज की कोर से भी कट जाती है। कागज और कलम के क्षेत्र में काम करने वाले विद्वानों को चाकू की भाषा के बजाय तर्कों में धार देने पर ध्यान देना चाहिए। एक संवाददाता या संपादक को अपने लेखन में शब्दों की मर्यादा का ध्यान रखना चाहिए। शब्दों का चयन करते समय पूरी सावधानी बरतनी चाहिए। किसी मुद्दे पर विरोध होने पर लिखते समय पत्रकार को अनावश्यक उत्तेजना से बचना चाहिए, क्योंकि, अनावश्यक उत्तेजना हमारे लेखन को कमजोर और अप्रभावी बनाती है। पत्रकारिता के धर्म का निर्वहन करने के लिए अपनी भावनाओं पर काबू रखना अनिवार्य है।

उनकी पत्रकारिता के संदर्भ में राष्ट्रीय स्वयंसेवक संघ के द्वितीय सरसंघचालक माधव सदाशिवराव गोलवलकर ने लिखा था - 'उनके हृदय के अंदर कोई कटुता नहीं थी। शब्दों में भी कटुता नहीं थी। बड़े प्रेम से बोला करते थे। कभी किसी पर जरा भी नाराज नहीं हुए। बहुत खराबी होने पर भी खराबी करने वाले के प्रति अपशब्द का प्रयोग नहीं किया।'

इस प्रकार उन्होंने समाचार पत्रों के सम्पादन से लोगों को संघ के लिए प्रेरित किया। उन्होंने न सिर्फ राष्ट्रीय स्वयंसेवक संघ का प्रचार-प्रसार किया बल्कि संघ को एक नई दिशा भी प्रदान की। जब डॉ. मुखर्जी का निधन हो गया तो संगठन के पोषण और एक देशव्यापी आंदोलन को खड़ा करने का पूरा बोझ दीनदयाल के युवा कंधे पर आ गया। 15 साल तक वे संगठन के महासचिव रहे और सबको एक सूत्र में जोड़ते हुए

संगठन को खड़ा किया। उन्होंने आदर्शवाद के साथ समर्पित कार्यकर्ताओं का एक संगठन तैयार किया। लोगों ने उनके कार्यं उनके आदर्श को अपनाया। दीनदयाल जी ने स्वयं को मानव-सेवा समाज-सेवा और देश-सेवा के लिए समर्पित कर दिया था।

उन्होंने राष्ट्रधर्म मासिक, पांचजन्य साप्ताहिक और स्वदेश में संपादक के रूप में उन्होंने कहीं भी अपना नाम नहीं छपने दिया परंतु इन पत्रों का कोई अंक ऐसा नहीं निकलता था जिनमें उनके विचारों की छाप साफ दिखाई न देती हो। वह उसी सामग्री का चुनाव करते थे जो नकारात्मक न होकर सकारात्मक होती थी। राष्ट्रवादी पत्रकारिता की यात्रा में आज भी इन पत्रिकाओं को मील का पत्थर माना जाता है। अन्य अनेक पत्र-पत्रिकाओं के प्रकाशन के लिए उन्होंने कई लोगों को प्रेरित भी किया।

नए कलमकारों के प्रेरणापुरूष

गाजियाबाद से प्रकाशित होने वाले सांध्य दैनिक प्रलयंकर का प्रकाशन तेलू राम कांबोज ने दीनदयाल जी की प्रेरणा पर ही किया था। एक बार दीनदयाल जी गाजियाबाद में किसी कार्यक्रम में भाग लेने के लिए आए थे। उस कार्यक्रम में दीनदयाल जी ने गाजियाबाद में एक हिंदी का अखबार होने की आवश्यकता पर बल देते हुए कहा कि जनसंघ के लोगों को इसके लिए पहल करनी चाहिए। कुछ दिन बाद ही कांबोज और कृष्ण मित्र एक सांध्य दैनिक निकालने की पूरी योजना सहित दीनदयाल जी से मिलने के लिए अजमेरी गेट जनसंघ के कार्यालय में पहुँचे। उन दिनों दीनदयाल जी वहीं रहा करते थे। बातचीत में उन्होंने दीनदयाल जी से अनुरोध किया कि वह प्रस्तावित समाचारपत्र का अच्छा सा नाम

सुझाएँ। दीनदयाल जी ने तत्काल ही कहा 'प्रलयंकर' रख दो। अभी इनमें से कोई हाँ या ना अथवा कुछ और कहता उससे पहले ही दीनदयाल जी ने कहा मैं तो पहले पांचजन्य का नाम प्रलयंकर ही रखना चाहता था। अब किसी प्रकार के विचार-विमर्श की गुंजाइश ही नहीं थी। दोनों वापिस लौट आए और सभी प्रकार की औपचारिकताएँ पूरी करने में लग गए। इस प्रकार प्रलयंकर का जन्म हुआ जो आज भी अनवरत रूप से गाजियाबाद से प्रकाशित हो रहा है। इस प्रकार देश के विभिन्न भागों से प्रकाशित होने वाली कितनी ही पत्र-पत्रिकाओं के साथ दीनदयाल जी का नाता जुड़ता गया। आज देश के प्रायः हर जिले और देश की हर भाषा में प्रकाशित होने वाली कितनी ही जागरण पत्रिकाएँ दीनदयाल जी के विचार से ही प्रारंभ हुई है।

पांचजन्य के संपादक भानु प्रताप शुक्ल ने यह स्वीकार किया था कि भले ही दीनदयाल जी का पांचजन्य के साथ ऊपरी संबंध दिखाई न देते हों, परंतु हर अंक के भीतर उनकी छवि झलकती थी। समय-समय पर वह पांचजन्य और ऑर्गेनाइजर के संपादकों से विचार-विमर्श करते थे। उनका सान्निध्य बहुत मधुर और शिक्षाप्रद होता था। वे आते थे, पत्रकारिता पर चर्चा होती थी, ख़बर कैसे बनाना, शीर्षक कैसे लगाना आदि से लेकर समाचारों से जुड़ी सभी छोटी-बड़ी बातें खुलकर होती थी। संपादकीय विभाग के लोग हमेशा उनके सुझाव जानने के इच्छुक रहते थे। इस प्रकार वह संपादकों के भी संपादक थे।

पत्रकारिता में शुचिता और नैतिकता के पक्षधर

1968 की बात है तब तीन दिन से भी कम अवधि में हरियाणा, पश्चिम बंगाल और पंजाब की गैर-कांग्रेसी सरकारें

गिर गई। तब ऑर्गनाइजर में प्रकाशित कार्टून में तत्कालीन गृहमंत्री चव्हाण लोकतंत्र के बैल को काटते हुए दर्शाए गए थे। उस समय के.आर. मलकानी ऑर्गेनाइजर के संपादक थे। दीनदयाल जी ने इस व्यंग्य चित्र के लिए उनको समझाया था कि चाहे व्यंग्य चित्र ही क्यों न हो, गो-हत्या का यह दृश्य मन को धक्का पहुंचाने वाला है। इस प्रकार के व्यंग्य चित्रों का उपयोग नहीं किया जाना चाहिए। उनकी पत्रकारिता की शुचिता और नैतिकता का स्तर इतना ऊंचा था कि अपने विरोधी के प्रति भी असंसदीय और अमर्यादित शब्दों, फोटो या फिर व्यंग्य चित्रों के उपयोग को वे अनुचित मानते थे।

यद्यपि दीनदयाल बहुत समय से लेखों के माध्यम से समाचार-पत्रों से जुड़े हुए थे। ये लेख समाज में क्रांति के बीज बोने का काम कर रहे थे। उनकी लेखनी से निकलनेवाला एक-एक शब्द लोगों में राष्ट्र पर मर मिटने का जज्बा पैदा कर देता था।

पत्रकारिता में नैतिकता, शुचिता और उच्च आदर्शों के वे कितने बड़े हिमायती थे, इसका जिक्र करते हुए दीनदयाल जी की पत्रकारिता पर आधारित पुस्तक के संपादक डॉ. महेशचंद्र शर्मा ने लिखा है - संत फतेह सिंह के आमरण अनशन को लेकर पाञ्चजन्य में एक शीर्षक लगाया गया 'अकालतख्त के काल'. दीनदयालजी ने यह शीर्षक हटवा दिया और समझाया कि सार्वजनिक जीवन में इस प्रकार की भाषा का उपयोग नहीं करना चाहिए, जिससे परस्पर कटुता बढ़े तथा आपसी सहयोग और साथ काम करने की संभावना ही समाप्त हो जाए। अपनी बात को दृढ़ता से कहने का अर्थ कटुतापूर्वक कहना नहीं होना चाहिए। जुलाई, 1953 के 'पांचजन्य' के अर्थ विशेषांक की संपादकीय में संपादक महेन्द्र कुलश्रेष्ठ

ने शासन के साथ सहयोग नीति की आलोचना करते हुए 'मूर्खतापूर्ण' शब्द का उपयोग किया था तब दीनदयाल जी ने इस शब्द के उपयोग पर संपादक को समझाया, उन्होंने लिखा - 'मूर्खतापूर्ण शब्द के स्थान पर यदि किसी सौम्य शब्द का प्रयोग होता तो पाञ्चजन्य की प्रतिष्ठा के अनुकूल होता।' वे सदैव चित्रों और व्यंग्य चित्रों के उपयोग में भी शालीनता का ध्यान रखने के आग्रही थे।

इसी प्रकार के एक और उदाहरण में 'पांचजन्य' के संपादक यादवराव देशमुख ने तिब्बत और चीन के संबंध में तत्कालीन प्रधानमंत्री पंडित नेहरू की नीतियों पर पहले संपादकीय का शीर्षक दिया - 'गजस्तत्र न हन्यते' (शरीर के नष्टय होने पर आत्मा नष्ट नहीं होता) इस संपादकीय को पढ़ने के बाद दीनदयाल जी ने यादवराव देशमुख को कहा था - 'भाई आपका अग्रलेख बहुत अच्छा रहा, लेकिन उसका शीर्षक तुमने शायद बहुत सोचकर नहीं लिखा है। पंडित नेहरू से हमारा वैचारिक मतभेद होना स्वाभाविक है, लेकिन यह भी याद रखना चाहिए कि वे हमारे देश के प्रधानमंत्री हैं। उनकी आलोचना करते समय हल्के शब्दों का प्रयोग करना तो उचित नहीं होगा।' संपादक या पत्रकार होने का यह मतलब कतई नहीं होता कि हमारे मन में जो आक्रोश है, उसे अपनी लेखनी के जरिए प्रकट किया जाए। देश के प्रधानमंत्री पद की गरिमा का ध्यान रखना ही चाहिए।

रेल यात्राएं थी चलती फिरती लेखनशाला

राष्ट्रीय स्वयंसेवक संघ के साथ जुड़े होने के कारण दैनिक जीवन में पं. दीनदयाल पहले ही अत्यंत व्यस्त रहते थे; अब पत्रों के प्रकाशन से जुड़कर उनकी जिम्मेदारियाँ और भी बढ़ गईं। इसके चलते खाने-सोने में पड़नेवाले व्यवधान

से उन्हें कोई परेशानी नहीं थी, लेकिन पढ़ने-लिखने में जो व्यवधान पड़ रहा था, यह उनके लिए चिंता का विषय था। परंतु समस्याओं के निदान में दीनदयालजी को महारत हासिल थी। उन्होंने इसका भी समाधान ढूँढ़ निकाला। उन्हें शौच में अधिक समय लगता था, इसलिए शौच के लिए जाते समय वे साथ में पुस्तक ले जाते। उस समय का उपयोग वे अध्ययन के लिए करते थे। इसी तरह वे अधिकतर यात्राएँ पैसेंजर रेलगाड़ी के तृतीय श्रेणी के डिब्बे में करते थे। उनका मानना था कि पैसेंजर गाड़ी धीमी गति से चलती है और गंतव्य पर देर से पहुँचती है। इससे गाड़ी में आराम से लिखा-पढ़ा जा सकता है। उनके परम मित्रों में से एक वचनेश त्रिपाठी ने अपने एक संस्मरण लेख में लिखा है कि एक बार दीनदयालजी काशी से बलिया के दौरे पर जा रहे थे, रात का समय था। तीसरे दर्जे में जगह न मिल पाने से साथ के लोगों ने उनकी दरी दूसरे दर्जे के डिब्बे में बिछा दी और दीनदयालजी पूरी रात वहीं सोये। प्रातः ट्रेन बलिया पहुँची तो उन्होंने उस ट्रेन के टी.सी. से कहा कि 'आप मुझसे यहाँ तक की यात्रा का दूसरे दर्जे का किराया लेकर रसीद बना दें।' तो उसने लापरवाही से कहा, "क्या करेंगे किराया देकर, क्या किसी ने आपको टोका है? आप जाइए।" दीनदयालजी न माने। स्टेशन मास्टर के पास पहुँचे। उससे भी अतिरिक्त किराया लेने के लिए कहा तो वह बोला, "ठीक है, आप चाहते हैं तो ले लूँगा, लेकिन मेरे तीस वर्ष इस रेलवे की सेवा में ही बीते, पर आप ही ऐसे पहले यात्री हैं, जिसने तीसरे दर्जे के टिकट पर दूसरे दर्जे में यात्रा करने पर अतिरिक्त किराया देने की ईमानदारी बरती है।" दीनदयालजी के स्वभाव में यह बात सहज रूपेण समरस थी। रेलगाडी ही जीवन भर प्राय: उनका आवास और अध्ययन कक्ष रही।

साहित्यिक प्रतिभा: शब्दों की जादूगरी

भारत के गौरवशाली इतिहास को उन्होंने अपनी साहित्यिक कलम के माध्यम से दुनिया के सामने रखा। दरअसल उनकी सोच थी कि साहित्य के जरिए राष्ट्रीय सरोकारों को महत्व दिया जाए। 1946 में उन्होंने सम्राट चन्द्रगुप्त के जीवन पर आधारित किताब 'सम्राट चन्द्रगुप्त' लिखी। एक ही रात में लिखी गई ये किताब इतनी लोकप्रिय हुई कि इसका कई भाषाओं में अनुवाद हुआ। इसी तरह आदिगुरू शंकराचार्य की जीवनी भी उन्होंने रेल यात्रा के दौरान बेहद कम समय में लिख डॉ.ली। सामाजिक जीवन में रहते हुए भी समय निकालकर समाज के हित में साहित्य सृजन की उनकी कला आज भी साहित्य कर्मियों के लिए एक मिसाल है।

पंडित दीनदयाल उपाध्याय और उनके विचार आज भी बेहद प्रासंगिक हैं। अपनी कलम और पत्रकारिता के जरिए समाज के चंहुमुखी विकास और सबसे कमजोर वर्ग के उत्थान के साथ ही राष्ट्रप्रेम की जो विचारधारा उन्होंने रखी वह आज भी समीचीन और प्रासंगिक हैं। उन्होंने उस दौर में राजनीतिक, आर्थिक और सामाजिक अवधारणा की परिकल्पना समाज के सामने रखी वो आज भी समाज की जरूरत बनी हुई है।

(डॉ. कुंजन डेढ़ दशक तक प्रिन्ट और इलेक्ट्रोनिक मीडिया में मुख्यधारा की पत्रकारिता करने के बाद 2012 से उदयपुर के मोहनलाल सुखाड़िया विश्वविद्यालय में पत्रकारिता एवं जनसंचार विभाग के अध्यक्ष है। पत्रकार दीनदयाल उपाध्याय पुस्तक के लेखक तथा इस पुस्तक के संपादक है।)

www.ingramcontent.com/pod-product-compliance
Lightning Source LLC
La Vergne TN
LVHW102011210926
848483LV00011B/248